中國小玩意

中國小玩意

陳國泰 著

商務印書館

中國小玩意

作　　者：陳國泰

攝　　影：吉澤清、安影恆、陳國泰

責任編輯：Chris Cheung

封面設計：張毅

出　　版：商務印書館 (香港) 有限公司

　　　　　香港筲箕灣耀興道 3 號東匯廣場 8 樓

　　　　　http://www.commercialpress.com.hk

發　　行：香港聯合書刊物流有限公司

　　　　　香港新界荃灣德士古道 220-248 號荃灣工業中心 16 樓

印　　刷：新世紀印刷實業有限公司

　　　　　香港九龍土瓜灣木廠街 36 號聯明興工廠大廈 3 樓

版　　次：2022 年 7 月第 1 版第 2 次印刷

　　　　　© 2017 商務印書館 (香港) 有限公司

　　　　　ISBN 978 962 07 5718 1

　　　　　Printed in Hong Kong

目　錄

上篇　一九四九年前的上海玩具工業

《中國小玩意》手機應用程式（App）使用説明

　　配合《中國小玩意》出版，我們誠意為您提供《中國小玩意》手機應用程式（App），結合擴增實境（Augmented Reality，簡稱 AR）技術，為您帶來全新閱讀體驗。馬上下載程式免費使用吧！

步驟 1

iPhone：
開啟 App Store 下載程式

Android 手機：
開啟 Play 商店下載程式

步驟 2

開啟《中國小玩意》App，利用手機鏡頭對焦附有 **AR** 圖示的書頁，將顯現特選玩具的 360 度全境影像。

點選「掃描書頁」使用鏡頭

新版序

「小玩意‧大意義」玩具珍藏展宣傳海報

人生何許？是否終究換來一場瘋？又或許是回首終究一場夢？

如果説天才與白痴只有一線之隔，那築夢者和瘋子之間的差別，是否也如天才與白痴一般無異？

十年前的 2007 年 4 月 4 日，個人的「小玩意‧大意義」玩具珍藏展正式在香港旺角新世紀廣場中庭拉開了帷幕。而在同一天，花了我七年時間完成的拙作《中國小玩意》也終於正式順利發行了。

十年匆匆過去了。夢想依舊執着，收藏之路依舊繼續⋯⋯。而相對一般正常人而言，我依舊是個瘋子。玩具藏品還在不斷地增加，已堆滿了整個倉庫。資料亦不斷地增加，已到了不知如何整理的階段。然而，香港商務印書館肯為我這個瘋子再版十年前的《中國小玩意》，是否比我更瘋？但從另一角度看，商務印書館今天的成功，其實亦源於120 年前的一份執着與夢想。

十年前《中國小玩意》書名取自 1933 年阮玲玉主演的一部同名黑白無聲電影《小玩意》；十年後決定保留沿用。

十年前我在前言中説，由於當時手上資料不足，所以書中內容無法很好和很全面地反映上個世紀整個上海玩具工業。十年後，隨着時間不斷前進，許多當年在世的玩具

2007 年為期 33 天的古董玩具展，共吸引了近十萬人參觀。

界老人相繼離世，加上上海市區拆遷重建，也把許多珍貴的原始資料當作廢品處理掉，這對研究近代中國玩具發展史，無疑又增加了極大的難度。雖然過去的十年裏，藏品增加了，更多的歷史資料被發掘了，但對於了解解放前或解放初期的中國近代玩具工業，還是有許多的斷層沒法深入探究。

十年前由於篇幅和資料所限，書中也只能集中在上海地區的玩具和歷史。十年後的新版，修正和補充了內容，增加了北京、天津、廣東等城市的各式玩具。以材質分類，除了更多的鐵皮和木製玩具外，也增加了更多紙玩具、橡膠玩具、賽璐珞玩具、搪塑玩具、塑料玩具、轉印畫等。以專題分類，除了完善前版中的迪士尼玩具收藏專題內容外，讀者還可以了解到更多解放前的迪士尼電影宣傳資料。另外，也加重了文革玩具專題系列的篇幅，和增加了偽滿洲國時期的玩具。

從我收藏的第一隻中國鐵皮玩具開始，至今已差不多近 30 年了。而在過去的收藏路上，一直有媒體問我同一個問題：「是甚麼讓你一直堅持自己的中國玩具收藏之路？」因為當年的古董玩具市場是以西方與日本古董玩具為主流，所以一些玩具收藏界的朋友認為我不懂收藏玩具，對我選擇收藏中國玩具的想法嗤之以鼻。甚至父親、家人也為我想開中國玩具博物館、研究中國玩具史，甚至出書這種想法感到莫名奇妙，認為我已經玩物喪志而不表支持。而我除了深感無奈和一笑置之以外，唯一能做的只是繼續堅持我對中國玩具的那份收藏激情。

今天媒體不再問我為何一直堅持自己的中國玩具收藏之路，已改問：「你還繼續

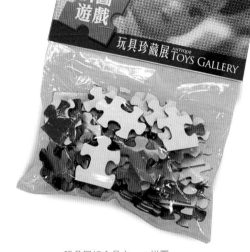

玩具展宣傳單張　　　　　　　　　　　　　　　　玩具展紀念品之一：拼圖

堅持收藏中國玩具嗎？」我說是的，因為那是我的夢想。就像美國黑人馬丁・路德・金（Martin Luther King）所說的「我有一個夢想」宣言。

　　雖說夢想有大小之分，但很多偉大的夢想都是由小夢想組合起來，關鍵是我們是否願意堅持到最後。

　　我謹以此書獻給所有擁有或曾經擁有夢想的人。

陳國泰
Saint John 鐵皮玩具品牌創始人
2017 年寫於上海

初版序一

世界第一家上海玩具博物館

Warm congratulations to Marvin Chan for launching this comprehensive book on the history of the toy industry in Shanghai. It is a testament to how one man's dream and vision can be realized if one works hard enough at it.

Marvin's strong passion and dedication led to him setting up the Museum of Shanghai Toys (MoST) in Singapore in 2005. MoST is the first museum in the world to exhibit vintage oriental toys, and has an extensive collection of toys which originated from Shanghai over more than half a century - from the 1910s to 1970s. The bulk of the toys on display come from Marvin's personal collection, which was painstakingly built over more than two decades.

MoST is located in a shophouse in Singapore's Little India district. It is a gem of a discovery when one chances upon it, nestled quietly amidst a historic row of buildings. Inside, there is an exuberant overlap of displays hat excite and stimulate memories. This perhaps is a reflection of Marvin himself, quiet and serious on the outside, but bursting with energy and passion on the inside.

Today, he has scored another first with the launch of this important document. His book on Chinese Toys chronicles the development of the Shanghai toy industry over the last century or so. It is a labour of love which took Marvin more than 10 years of research and study to complete. Some of the interesting topics include how the first China-made mechanical toys were actually made during the Qing Dynasty, as well as the influence of Western cultures on Shanghai toys. It is also fascinating to read how China's Cultural Revolution influenced toys made during that period to reflect the prevailing social and political sentiments.

2005 年 11 月 26 日，新加坡宏茂橋集選區國會議員及政府國會新聞、通訊及藝術委員會主席成漢通先生主持上海玩具博物館開幕。

博物館開幕紀念品

By sharing his rich collection of antique oriental toys with the public through MoST and through this book, he encourages a greater appreciation for heritage and culture amongst both Singaporeans and visitors alike. Such private and people sector efforts contribute significantly towards our vision of making heritage an enriching part of everyones lives.

We at the National Heritage Board (Singapore) applaud Marvin for his efforts in capturing and preserving an important cultural development in Shanghai's history and heritage. Do visit MoST and view the collection if ever you are in Singapore. We wish him a successful exhibition and book launch in Hong Kong.

Michael Koh
Former Chief Executive Officer,
National Heritage Board (Singapore)

初版序一（譯文）

博物館二樓展廳一角

　　恭喜 Marvin Chan 這本關於近代上海玩具工業發展的大作即將出版。這足以證明一個人只要不斷通過自己的努力與堅持，夢想和目標最終必可實現。

　　2005 年，Marvin 滿腔激情地在新加坡建立了世界首家上海玩具博物館（Museum of Shanghai Toys, MoST）。館內展品全是他過去近 20 年的私人珍藏。而這些超過半世紀的老玩具大部分都是上海製造的，年代從清末民初一直跨越至上世紀的文革時期。

　　MoST 博物館如同一顆未被發現的寶石，坐落於新加坡小印度區一排戰前店屋中靜待被發掘，而館內展品之豐富，和博物館的外觀形成了一個強烈的對比。就如同 Marvin 的個人寫照般，在他安靜認真的外表下，內心其實滿懷了熱情、激情。

　　今天，除了 MoST 博物館外，Marvin 這本重要著作的出版，又將會是中國玩具史上另一個世界第一。這本關於中國老玩具的書，不僅只是簡單論述了上海玩具行業過去一個世紀的發展故事，而且是一部凝結了 Marvin 十年探索研究的心血之作。書中內容有不少有趣的話題，例如在清朝年間，中國第一代機械玩具的產生與製造過程、西方文化如何對上海玩具工業造成的各種影響等。另外一個有趣的話題是，中國文化大革命時期的社會現象和政治氛圍，如何對當時的整個玩具製造工業造成了巨大的影響。

　　透過在 MoST 博物館內的珍藏以及這本書的內容，Marvin 希望藉以鼓勵更多新加坡人和參觀者去欣賞我們上一代的歷史與文化。對於我們國家文物局來説，這種個人

館內展出各類五十至七十年代製造的中國玩具

館內二樓一角模擬上海六十年代的兒童玩具商店場景

三十年代製造的中國玩具是館藏之一

全球第一家上海玩具博物館於 2005 年 11 月 28 日在新加坡開幕

的努力與付出，正和我們希望通過歷史文化去豐富人們日常生活的願景不謀而合。

我們新加坡國家文物局非常讚賞 Marvin 在上海文化遺產的收集和保護方面所作出的努力。如果您有機會到新加坡旅遊，我們強烈推薦您去參觀 MoST 博物館。最後，我們在此祝願 Marvin 在香港地區的玩具珍藏展和新書《中國小玩意》發佈會圓滿成功。

Michael Koh
新加坡國家文物局前首席執行官

初版序二

我和張樹年先生，攝於九十年代末張元濟故居。

　　新加坡陳國泰先生收集、研究中國玩具有年，成績已屬不小。繼 *Chinese Toys: Marvin Chan Collection* 面世後，《中國小玩意》又將出版。就書中輯錄的這些資料來看，足見他收羅之宏富，更見他為玩具史研究所付出的辛勞。

　　國泰先生為收集玩具史資料，來上海找到商務印書館上海印刷廠，再由那裏的友人介紹我們相識，結為忘年之交。

　　先父張元濟先生在二十世紀前半葉主持商務印書館期間，十分重視多種經營。他以「扶助教育為己任」作為該館的出版方針，書籍出版之外，發展到教學掛圖、方塊字，進而製造和銷售文具、玩具、棋類、體育用品和實驗室物品等。玩具被列為商務印書館這家嚴肅、謹慎地從事出版、印刷的三大公司的一項產品，足以說明它在兒童教育、啟發兒童智力和培養兒童稟性中，有舉足輕重的地位。

　　記得我幼年時，就用商務出版、父親手書字體的方塊字識字，這套方塊字在我家中一直傳到我的孫女。後來我見過的還有積木、木質拖拉車輛、七巧板等，印象較深的是六面畫，其圖案不僅有「曹沖稱象」、「司馬光擊缸救小孩」等傳統故事，而且也有反映時代進步的內容，如汽車、輪船、飛機等新式交通工具。

　　可惜家中這些玩具早已散失，不可復得。最近，在國泰先生的幫助下，找出一副六面畫（稍有殘缺），居然能清晰看到「幼稚教育・六面畫・商務印書館製」字樣，可謂一大收穫，當即贈予國泰，充作他的收藏。

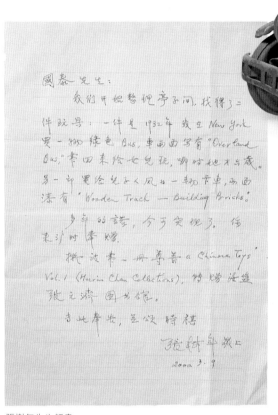

張樹年先生親書

張樹年先生贈我商務印書館二十年代出品的六面畫作為我的收藏

張樹年先生在家翻出當年從美國留學帶回的一架大型鐵皮公共汽車玩具,並饋贈我作為收藏品。

　　玩具反映了一個國家,一個民族的文化,玩具史應是這個國家、民族的文化史的一個組成部分。但中國玩具史的研究及其資料收集,卻十分困難。

　　一是中國大陸數百年必有一次大亂,進入近代,更是外患不斷,即使 1949 年以後,堪稱盛世,還會發生始於 1966 年的十年內亂,這樣上自宮室器物、文化瑰寶,下至民間收藏、生活物品,皆毀壞殆盡。

　　二是傳統文化的觀念中,非但玩具,即便是建築、雕塑,也歷來被視作工匠們的「雕蟲小技」而不被重視,沒有文字記載,更沒有科學、系統的總結。

　　三是玩具本身與教科書一樣,發行、製作量極大,損耗率極高,而保存量則極小,因此收集實物和資料,其難度可想而知。國泰有志於此,不畏艱難,成果斐然,堪稱年輕而有為。誠望持之以恆,不斷積累,為填補中國文化史上這一空白,繼續作出努力和貢獻。

張樹年

己卯歲初,書於上海張元濟故居,時年 93 歲

初版序三

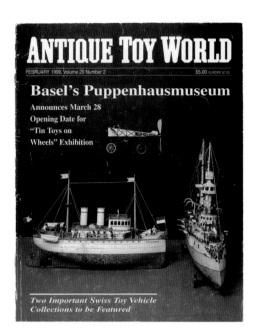

出版已近 50 年的《古董玩具世界》雜誌，是美國古董玩具收藏界一本非常有份量的刊物。

I first met Marvin Chan in 1997 at the Sandown Toy Fair, held near London. I was there to cover the show for a toy magazine and needed a different angle for my article. A dealer to whom I was talking casually mentioned that there was a young man buzzing around the building who had flown all the way from Singapore specifically to shop the show. I had to meet this person and find out just exactly what would motivate him to travel 18 hours to attend a single show. I tracked him down and quickly learned the answer: Chinese toys.

In talking to Marvin, I discovered he was not collecting toys just to see how many objects he could line up on a shelf and call his own. He was, at his core, a dedicate protector of his own Chinese culture, a person who had experienced an epiphany of sorts when he visited the world-famous Kitihara toy museum in Yokohama and realized he no longer wanted to collect the toys of anyone elses heritage, but of his own. Deeply inspired by what Teruhisa Kitihara（北原照久）had accomplished with Japanese toys. Marvin embarked on a new collecting path that he hoped would one day result in the establishment of a Chinese toy museum in China.

He began researching not only the more accessible postwar toy industry of China, but also the obscure Shanghai manufacturers of the 1920s and 1930s who had broken ground for what would, over the decades, evolve into a mammoth international industry. Combining the information he amassed during his research, along with photos of his

collection and his own considerable skills as a graphic designer, Marvin took the next logical step and wrote a book: *Chinese Toys-Vol. 1*. I'm not sure that even Marvin realized the book's importance beyond its being the first one ever written on the subject, as it filled a need in the market not only for inquisitive collectors, but also dealers, who had literally no reference material available to help them date and identify the vintage toys of China.

Now Marvin has released his second book *The Story of Chinese Toys*, in which we see more types of toys than what were featured in his initial book - pre-war tinplate toys, wooden toys, door of hope dolls, plus many of early tinplate Chinese children candy containers, biscuit containers and children stationery items, text books etc. All are presented in a modern, user-friendly format that lets the photographs and captions do the talking. It is a book of high aesthetic quality, one that was composed with obvious care and admirable intent. As with its predecessor, *The Story of Chinese Toys* will surprise anyone who thought the sum total of China's toy industry is what you see being sold today at the local Toys "R" Us.

Congratulations, Marvin!

Catherine Saunders-Watson
Writer and Columnist (USA)

初版序三（譯文）

桑當古董玩具展入口

　　1997 年，在位於倫敦西南方郊區的桑當古董玩具展（Sandown Toy Collector's Fair）上，我第一次與 Marvin Chan 見面。當時我正為美國一本玩具雜誌，寫一篇關於那次玩具展的報導。我正苦於尋找一個較有趣和獨特的報導角度，當我和某位古董玩具商閒聊時，他隨口就提到當天有位華裔年輕人此時正在展場上四處淘寶，而這位年輕人，竟然專程花了 18 個小時，從新加坡飛到倫敦桑當古董玩具展淘寶。這消息讓我非常訝異，我知道我一定要見見這位年輕人，了解是甚麼原因讓他願意花上這樣長的時間，從地球一端的亞洲，飛到另一端的歐洲，目的只為了參加一場古董玩具展？我很快在會場上找到了他，也很快知道了答案，原來是「中國玩具」。

　　與 Marvin 深入聊過之後，我發現他收藏玩具並不像其他一般的玩具收藏家一樣，只為了看看自己能在展示櫃內擺放多少件東西，享受着擁有的快感。對於自己的文化，Marvin 是個虔誠的守護者。1994 年，在他參觀過日本橫濱北原照久先生（Teruhisha Kitahara）的鐵皮玩具博物館後有了頓悟，開始集中收藏並研究只屬於自己文化的玩具。而北原先生收藏日本玩具的成就亦深深鼓舞了他。Marvin 開啟了新的收藏之旅，並渴望未來能在中國建立一間中國玩具博物館。

　　之後 Marvin 開始着手研究中國玩具工業史，除了解放後中國玩具工業發展外，還有那些解放前二、三十年代，經過不斷發展最終成為國內外著名品牌的上海玩具生產商的故事。Marvin 用他的研究成果，配上許多彩圖，以及平面設計師的創作才華，寫出了他人生的第一本書：*Chinese Toys - Vol. 1*。我想連 Marvin 自己也沒意識到他這本書的重要意義。對玩具藏家而言，*Chinese Toys - Vol. 1* 是玩具收藏界第一本關於中

場內有幾百個不同種類的古董玩具攤位，專賣鐵皮玩具、古董娃娃和古董火車模型等。

國老玩具的專著，而對於古董玩具商來說，他們終於有一本可用來確定中國老玩具身份和生產年代的重要參考書了。

　　Marvin 的第二本書《中國小玩意》即將出版，書中的玩具種類比 *Chinese Toys - Vol. 1* 還要豐富，除了解放前的各種鐵皮玩具、木製玩具、濟良所娃娃外，還加上了許多解放前的鐵皮兒童糖果罐、鐵皮兒童餅乾罐、兒童文具和課本等。書中排版設計皆以讀者易於閱讀的模式完成，內容皆以相片和說明來呈現，是一本製作精良、用心良苦，具有很高美學價值的參考書。正如 Marvin 的前一本書一樣，這本書肯定能讓許多人大吃一驚，他們最終會發現並知道，原來中國的玩具工業，不會只是你我看到今天「玩具反斗城」內出售的玩具那麼簡單。

　　Marvin，加油！

Catherine Saunders-Watson
美國作家和專欄作家

初版前言

香港製造的玩具是伴隨我成長的童年玩物

　　在你的童年記憶裏，你可曾記得自己擁有過，或玩過甚麼樣的玩具嗎？是鐵皮機械人、發條小青蛙、洋娃娃、玩具水槍、毛絨公仔、放紙鳶、啪啪紙、超合金……

　　又或者你從來沒有擁有過一件屬於自己的玩具。但我相信大部分人的童年時代或多或少，都曾經玩過或擁有過，甚至收藏過一些自己難忘或者有趣好玩的小玩意，譬如郵票、汽水蓋、糖紙頭、玻璃彈子，紙煙畫片、小樹葉或者漂亮的小書籤。

　　可能從小喜愛美術，也可能受先母影響，我小學時期就已經迷上了收藏郵票這種愛好，對郵票上的各種設計圖案特別迷戀。上中學後，除了收藏郵票，亦迷上了收藏香港錢幣和紙幣。特別喜歡那種早期香港滙豐、渣打或有利等銀行發行的紙鈔。

　　1982 年，因家庭發生變故，我從香港地區移民到新加坡居住。而自幼的收藏愛好，亦從收藏香港郵票、香港錢幣，隨之而變成收藏新加坡郵票和新加坡錢幣。八十年代中期，歐美等國開始流行懷舊熱潮，而這股熱潮不斷升溫，一直蔓延到亞洲的日本、香港地區，東南亞的新加坡、馬來西亞和泰國等地。而我當年，作為一個新加坡「南洋美院」商業美術系剛畢業的學生，亦深受這流行文化的影響，開始不斷地到新加坡各大

蝙蝠車、玩具槍和動物類玩具等是我小時候喜歡的玩具。

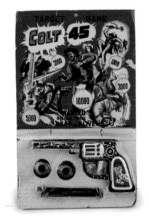

我人生第一件古董玩具

街小巷的垃圾箱，翻找丟棄的舊唱片、舊雜誌、漫畫，甚至到親戚或朋友家中，搜尋他們過去遺留下的古董手錶、古董墨水筆、舊風扇、舊傢具等。

　　1989 年某天，我和一班同樣是修讀商業美術的朋友，乘着假期之便，到位於馬來西亞柔佛州（Johor Bahru）的哥打丁宜（Kota Tinggi）旅遊。臨回新加坡當日，在巴士總站附近發現了一家舊式的傳統玩具店。進入店內，看到了展示櫃上陳列了幾件八、九十年代製造的中國鐵皮玩具，讓我突然重新拾起一些深埋心裏的童年回憶，我立馬毫不猶豫地，當場就決定把它們買回家。而那次的不經意決定，卻開拓了後來的玩具收藏之路，這是我始料未及的。

　　翌年，經朋友介紹，在新加坡本地的一家古董店，買到了人生的第一件古董玩具，那是一件帶原包裝盒、五十年代日本生產的銀藍色鐵皮玩具打字機。而那一次的收穫，讓我加深了對玩具收集的狂熱，而收集的步伐也同時加快。在接下來的日子裏，我在新加坡各處更加瘋狂地搜尋老玩具。從只有幾件小藏品，一下就增加到二百多件。基本都是日本製造的，其餘的還有中國製造、香港地區製造、英國製造和德國製造等。

兒時喜歡的動漫英雄玩具：
1. 小露寶超合金；
2. 超人吉田鐵皮玩具；
3. 矇面超人鐵皮玩具；
4. 獅子丸塑料人形玩具

我自小在香港地區接受英式教育和受日本文化的薰陶，當然對歐洲和日本製造的古董玩具情有獨鍾。但當年的歐洲古董玩具價格已過於昂貴，我實在負擔不起。中國鐵皮玩具又沒甚麼收藏價值可言，而日本的鐵皮玩具則剛成為國際古董玩具收藏界的新寵，因此毫無疑問地，我只鍾情於日本玩具。然而有一天，老天爺靜悄悄地、無聲無息地出現，讓我從新加坡的報章上讀到一篇標題為「要做萬元戶，上山挖古墓[1]」的中國報導。

而這篇報導的出現，讓我開始反思，自己過去兩年所收藏的玩具，原來都是別國的文化遺產，我開始意識到原來收集中國玩具，遠比收集他國製造的玩具來得更有意義，我突然有一種想到中國看看的感覺……

1991 年 12 月，我到馬來西亞的檳城淘寶，意外購入一件六十年代中國「上海康元玩具廠」出品的電動宇宙坦克玩具，才了解到當年大部分的中國玩具，均在上海生產，

1　「要想富，挖古墓，一夜能成萬元戶」是上世紀八十年代流行於中國河南、陝西、山西等省份的一句順口溜。當年盜墓挖墳及販賣文物國寶，已經成為一門快速致富行業。而盜竊、走私倒賣的猖狂，導致中國文物不斷流失。

日本橫濱鐵皮玩具博物館內貌

玩具博物館入口

「上海康元玩具廠」出品的
電動宇宙坦克玩具

玩具博物館入場券

影響我玩具收藏之路的三本書，由北原照久先生撰寫。

因此決定出發去上海，來一次玩具的尋根之旅。臨行前一星期，我把這想法告訴父親，卻被罵玩物喪志。

1992 年 4 月，我終於帶着一顆「好奇」的心從新加坡飛抵上海。說實話，我心中有一大堆的「好奇」與「疑問」。過去中學時代，在中國歷史課本裏讀過的所有關於上海的種種，如外灘、南京路上的四大百貨公司、民國時候稱為「霞飛路」的淮海路，還有許許多多過去留下的時代烙印⋯⋯都突然出現在我眼前。

我已忘記了那次的上海玩具之旅，究竟逗留了多少天。我只記得，在我離開上海的那天，我帶着激動的情緒、緊握着一份玩具廠工人贈送我的民國時期康元《玩具樣本》和幾件老玩具⋯⋯

兩年後，我北上日本。目的是為了參觀一家在橫濱非常出名的日本鐵皮玩具博物館。出發前，我原以為我對老玩具的認識，雖算不上精通，但也絕不僅限略知一二。

兒童糖果罐和兒童餅乾罐是我的收藏系列之一。圖中是幾款解放前的糖果罐和餅乾罐。

加上 1992 年，我在新加坡搞過個人古董玩具展，又接受過多次媒體採訪，上過報紙，上過電視節目，自以為算得上是稍有名氣的玩具收藏家。然而，在整個參觀的過程中，我看到日本人在保留日本文化遺產時的那種不遺餘力，那份執着，使我汗顏；館內玩具之珍貴，使我目瞪口呆；品種之豐富，更使我無地自容。我實在有太多的震撼。

人生真的很有趣。我本不從事玩具行業，只是一次意外的收穫，讓我突然對收集玩具產生了興趣；我也不是近代中國歷史學家，只是對中國現代史有份執着的偏愛；然而冥冥中，像是老天爺賦予我一個使命，指示着我人生一條該走的路。

橫濱之旅後，我開始把精力花在研究中國玩具史和持續不斷地搜尋中國老玩具上。而近年我更把收藏的範圍，漸漸從單一的玩具收藏擴展至中國兒童文具、童裝、幼兒讀物、兒童儲蓄罐、兒童餅乾罐及兒童糖果罐等日常用品，為的是希望能夠更全面地了解中國兒童在上個世紀的生活面貌。

為了尋找中國老玩具，香港地區、馬來西亞、印尼、日本、泰國、緬甸、英國、

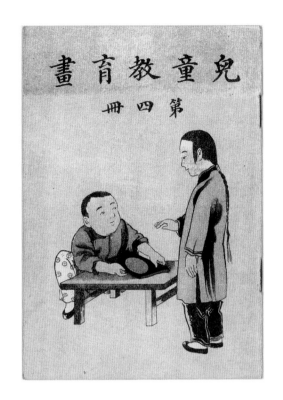

解放前的 ABC 糖果廣告牌

我也收藏了許多解放前的兒童讀物。圖中《兒童教育畫》是商務印書館於上世紀一十年代出版的兒童讀物。另一本是新中國書局於 1933 年出版的《活動的玩具》。

美國、荷蘭等地都有過我的足跡。曾經為了要飛去倫敦參加一年兩次的古董玩具交易會，乘搭十多小時的飛機到達目的地，然後休息一天，再乘搭十多小時的飛機飛回新加坡，目的只希望能在我人生有限的時間內，一步一腳印地去實現兩個夢想 —— 成立世界第一間「上海玩具博物館」[2] 和完成編撰《中國小玩意》一書。

從傳統的民間玩具（Folk Toy），如帶有濃厚鄉土氣息和民族風格的「無錫惠山泥人」、「北京兔兒爺」、「西安泥哨」、「山東木玩具」、益智玩具如「七巧板」、「九連環」至近代玩具如清朝宣統年間生產的牌類遊戲玩具、二十世紀一十年代的簡單非機動性的鐵皮玩具、二十至三十年代的國貨教育玩具、新中國成立後的抗美援朝玩具，發展到六十年代的文革玩具、七十年代的聲控玩具等，上海玩具就像一個歷史大時代的縮影，如同郵票一樣，標誌和記錄着一個時代的開始和結束。

今天，我很開心能用這本書和大家一起分享我的夢和喜悅。

可惜，由於資料不足，並不能很好和很全面地，反映上個世紀的整個上海玩具工業。再加上因中國玩具在上個世紀並不太受重視，解放前的許多玩具實物和原始資料又因戰火關係，大部分都喪失殆盡，而解放後至文革時期的玩具，又因人為關係，相對能保存下來的少之又少。故我只能根據手上現有的實物與資料來重新整理。所以，如有任何文字上的錯漏或資料不足，還望讀者或玩具工作者能夠包涵及來信指正。

沖上一杯熱咖啡，然後慢慢坐下來，細心欣賞本書中的每一件小玩意，它們不僅代表着一則故事或一個夢想，也可能是你們曾經被遺忘的一段童年時光。

最後，我謹把這本書獻給所有現在和曾經對中國兒童事業，作出過無限貢獻的你們，因為有了你們，小孩才不再孤獨。

謝謝你們！

陳國泰
MoST（Museum of Shanghai Toys）創辦人
2007 年寫於新加坡

2　世界第一間「上海玩具博物館」（Museum of Shanghai Toys）於 2005 年 11 月在新加坡成立，位於小印度區的羅威路（Rowell Road）83 號。2010 年 7 月關閉。

上　篇

一九四九年前的
上海玩具工業

民國初年，北京街頭的玩具攤檔。

第一章

中國玩具工業之歷史背景

中國民間小玩意

玩具工業的誕生

　　玩具與遊戲一樣，從遠古流傳至今，隨着各民族、文化的發展而產生。而最早的遊戲可能出於人類自衛本能。許多民族都以使用武器為最初等的教育內容，體育運動均源出於武藝，而武藝所用的工具即是武器。可以說玩具的發展是自有人類文明開始的。

　　距今 6,000 到 10,000 年前的新石器時代，就已出現了原始的陶製玩具。而隨着社會的不斷發展，物質文明的不斷進步，玩具漸漸在人類歷史上佔有着非常重要的位置。人類自小孩開始已不能滿足於單純的遊戲，而渴望擁有屬於自己的玩物，玩具製作也由此開始應運而生。

民間玩具的發展

　　中國玩具的產生和發展，最早記載於東漢（公元 25-220 年）土符所著的《潛夫論・浮侈篇》，書中記載着：「……或取好土作丸賣之於彈，……或作泥車瓦狗、馬騎倡俳，諸戲弄小兒之具以巧詐……。」上述文字清楚說明，東漢時期已有人用泥土製作丸彈、泥車、陶狗等兒童玩物。

《孫悟空大鬧天宮》一直是民間玩具藝人喜歡的創作題材之一

百多年前清代孩童在花園耍樂的情景

民國二十年代，上海尚文書店編印的新式
七巧圖，一套六冊，共 1,150 餘圖。

從這兩幅清代繪圖中，可以看到當時流行的兒童玩具，如七巧板、不倒翁和撥浪鼓等。

花棒槌

民國時期流行的各種
兒童民間玩具

陀螺

泥人

辛亥革命後，越來越多的八旗子弟從貴族
淪為平民。為了謀生，多致力於簡單的玩
具製作，他們把宮廷藝術中的細緻與考究
融入到民間玩具，使民間玩具的創作藝術
提升到一個新的高度。圖為清末時期兩款
做工精細的泥玩具。

清末時期用紙和木製成的拖拉牛玩具

各種無錫民間泥玩具

中國傳統民間玩具的歷史源遠流長，從戰國時期的鞠（皮製的球）、球（用毛填充的球）、風箏；東漢時期的泥彈丸、陶狗；唐代的彩塑泥俑、酒鬍子（今稱不倒翁）；宋朝的白瓷彩繪娃娃、白釉加彩童子、毽子、千千（今稱陀螺）、燕幾圖、走馬燈；明代的惠山泥人、兔兒爺、琉璃喇叭、九連環，以至清代的山東泥玩具、七巧板（Tangram）、鬃人等，都是民間玩具藝人幾千年來通過不斷實踐、就地取材，才能創作出的大量豐富迷人、且具有濃厚藝術氣息的民間小玩意和益智玩具。

著名美國玩具收藏家理查德‧奧拜恩（Richard O'Brien）在他上世紀九十年代出版的 *The Story of American Toys* 中提到，歐洲製作人偶或娃娃（Doll）的歷史，只能追溯到 1413 年的德國，這相當於明朝永樂十一年。而中國早在宋代的時候，民間泥玩具就已然作為商品放在貨擔上售賣。到了明清時期，中國民間玩具更到了一個鼎盛的藝術高峰時期，規模非常宏大。尤其是江蘇省蘇州市的虎丘山虎丘市場，更是各種民間玩具的集散之地。在玩具藝人爐火純青的巧手下，製作出許許多多形象不一、動作有趣的泥玩具。玩具用色之精、造型之絕，均達到了登峰造極的地步。

清人顧祿就曾在《桐橋倚棹錄‧虎丘耍貨》中，記錄了當年玩具市場的盛況。據《桐橋倚棹錄》記載，當時所售賣的泥玩具就不下四十餘種，計有泥神、泥佛、泥仙、泥鬼、泥果、泥禽、坐車孩、牧羊童、化緣和尚、摸魚翁、貓捉老鼠、壁貓、聚寶盆、麒麟、虎、獅、象、狗、鹿、牛、豹等。可以說中國的民間玩具已超越了兒童玩物的範疇，它不僅結合了中國數千年來民間藝術文化的薰陶，同時也展示出一個國家的高度文明發展與各族人民的智慧和創意。

然而，世界潮流卻悄悄開始變化，一個東方文明古國因幾千年來的物質資源豐富和地大物博，國內又有龐大的內銷市場，沒有外來競爭，玩具藝人只需自產自銷，擺攤叫賣，不需任何科學化商品策略、不需市場定位，而慢慢安於現狀，而且對地球另一端的西方世界的發展一無所知。

西學東漸而產生第一代的中國機械玩具

中西方的文化交流雖然早於漢代時已開始，但由於地域與文化的距離與差異，這種交流只屬偶然的接觸。一直以來，作為東方文明古國的中國，在科技發明上都是東學西傳，例如紙張、火藥、印刷術、指南針或玩具如九連環、七巧板等。但隨着西方資本主義的誕生、科學技術的進步，西方文化漸漸抬頭。明朝末年，西方傳教士東來，西學開始東漸。先有意大利傳教士利瑪竇（Matteo Ricci）把自鳴鐘、三菱鏡、西洋琴等「西洋奇器」引進明代宮廷，接着地平式日晷、望遠鏡、手搖計算器、地球儀等西洋儀器也陸續進入明宮與清宮。

十八世紀中葉之後，西方展開了工業革命（Industrial Revolution），更大大推動了科技上的發展。而這時期中國正值清朝乾隆年間，由於乾隆皇帝愛好科技，因此大量的機械鐘錶與玩具也在這一時期不斷出現。在清宮檔案的記載裏，就有很多關於乾隆皇帝要求傳教士製造機械玩具的記錄。據史料記載，清乾隆二十九年（1764 年），歐洲某國就曾進貢 18 個機械人偶，能演出整部《西廂記》。在清宮中收藏的機械玩具，大部分是法國製造進貢，一些是清宮養心殿造辦處或廣東民間匠師製造的，另一些是粵海關通過貿易購買。

機械玩具的構造原理和鐘錶非常相似，多以金屬製成，內裝機械，利用發條為動力，帶動齒輪運轉。上弦後，玩具可作出各類動作，分別有國產的搧扇人、鳥音籠和法國製造的翻頂機械人、戲貓機械人、吹簫機械人、洋人變戲法、彈琴機械人、擊鼓戲熊機械人、音樂盒等。但這類玩具多屬宮廷殿堂陳設品，只為了供帝后閒暇時消遣娛樂。

鴉片戰爭以前，清朝政府一直採取閉關鎖國政策。民間玩具藝人對於西洋玩具工業的發展毫無概念，他們根本無法想像西方世界的玩具製造者在工業革命後的一個世紀，已能利用機械來大量生產玩具，無論是金屬製機械玩具、紙製玩具或木製玩具等。

工業革命推動了傳統的玩具工業，使西方的玩具工業，不再是傳統的手工作業模式，而是標誌着現代、新穎、有趣，且具有教育意義的新產品而慢慢推向世界。反觀中國的民間玩具藝人還停留在傳統的手工作坊，繼續在生產着 100 年前的玩具。

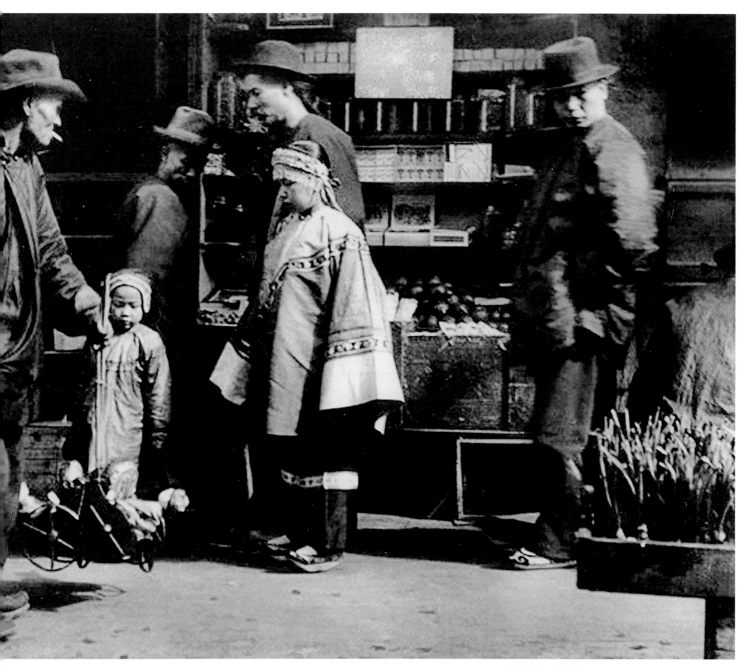

晚清時期，美國唐人街的玩具商販在向小孩兜售玩具。

從這幅民國北洋時期的彩色繪圖中，可看出中國傳統的兒童服飾和玩具在西方文化的影響下漸漸改變。

第二章

上海玩具工業的形成
(1894-1918)

為紀念 1912 年孫中山在南京就任臨時大總統和黎元洪就任副總統，同興洋行生產了一款直徑約 11 公分，印有兩位總統頭像的鐵皮小碟。

民國初年，西式教育逐漸在中國普及。

　　一直以來，上海是中國近代的工商業中心。鴉片戰爭前，上海小東門十六舖一帶的雜貨店，一般只以售賣手工業品為主，如扇子、香燭、土產、小五金等。但鴉片戰爭後，上海被迫開埠，西方人不斷從世界各方湧進這東方的大都市，先建立起英租界、法租界、美租界，接着又成立了公共租界。而上海作為中國最大的貿易港口，洋貨已開始從歐洲各國不斷輸入，加上洋人大量地湧進，亦開始為上海創造和形成了一個新的市場需求。

　　十九世紀七十年代，洋火、洋油、洋傘等陸續登陸上海市場。而上海作為中西文化交匯的大都市，是西洋玩具最早輸入的亞洲城市之一。據《中國近代對外貿易史資料》記述，從十九世紀八十年代開始，洋貨如玩具、洋鐘、洋針、洋煙等的入口數量，有一年比一年增加的趨勢。而 1902 年（清光緒二十八年）的海關資料顯示，該年的洋玩具

北洋時期的兒童金屬玩具槍

進口數額已達二十多萬元。

　　中日甲午戰爭後，東洋貨開始大量輸入上海。雖然暫沒有發現任何歷史數據，能顯示出因東洋、西洋玩具的輸入，使上海的傳統玩具行業受到嚴重的打擊，但有一點可以肯定的是，中國的傳統玩具工業，因西方玩具的發展而開始面臨一次前所未有的嚴峻挑戰。

　　中國上海的玩具行業成形於十九世紀末葉，當時的玩具商販和玩具手工藝人集中在南市老城隍廟一帶，用簡單的原材料生產着基本的傳統小玩具如搖鼓、扯鈴、小銅鑼、瓜皮紙球等以作出售。

　　1909 年（清宣統元年），美國傳教士伊薩克・泰勒・何德蘭（Isaac Taylor Headland）曾在他的著作 *The Chinese Boy and Girl* 中提到一些當時的中國玩具發展，書中說：

民國初年，盪馬、童車等西方玩具開始在上海流行。

　　　　不必期望中國會有玩具製造業或者兒童教育學，與西方國家的玩具相比較，中國所製作的玩具在款式上比較少、複雜度和像真度也較低，而且並不那麼昂貴，或者更像是一兩個世紀以前的產品，中國玩具缺乏複雜的科學原理。中國人不知道甚麼是音樂盒，也沒看過那種會做出眼睛開合的洋娃娃，雖然原理十分簡單，但中國至今還不懂得如何生產出那種可用發條驅動的玩具。

清末時期美利堅合眾國出版的「中國兒童脫衣換衣」紙玩意，反映出百多年前西方世界眼中的中國風。

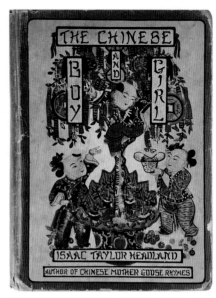

《中國兒童》是美國傳教士伊薩克・泰勒・何德蘭的代表作之一。作者以親身經歷，多角度記錄了清末兒童的生活。

由於在歐洲「工業革命」的推動下，西方玩具製造商已開始懂得利用機械來大量生產玩具，去創造無限商機；並且利用新的銷售技術，如給顧客發出幾十頁的商品目錄單，去持續擴大市場和刺激消費者的渴望，因此當一個東方文明古國的民間玩具藝人還在繼續生產着幾百年前的玩具時，西洋玩具的輸入，無疑令他們面臨一次極大的文化衝擊。

而且，無可否認，清末民初的中國玩具製造業與「工業革命」後的西方玩具工業比較，相對非常落後，因此當西方的科技、玩具及商業運作模式輸入中國，就逐漸影響、帶動甚至改變了上世紀上海的玩具工業模式。但真正加速近代玩具工業的改革與銳變，卻是在中日甲午戰爭一役的慘敗之後。

西方的玩具工業

玩具與人類文明一樣古老，本無中外之分，但歐洲「工業革命」的興起，推動了西方的玩具製造商把科學原理應用到玩具設計上，從而生產出既好玩，又有趣，又帶教育意味的新產品，為西方玩具工業創造了有利的商機。

德國的紐倫堡（Nuremburg）是歐洲的玩具王國，從十七世紀開始就以生產木玩具而聞名。進入十八世紀，德國人就已開始用錫來製造

各式各樣的歐洲玩具和娃娃

迷你玩具兵（Tin Toy Soldier），以灌輸兒童保家衛國的思想，其中尤以希伯特（Johann Georg Hilpert）為錫製玩具大師級代表人物。到了十九世紀，玩具的種類更是多姿多彩，以種類來分，除了玩具兵，還有瓷娃娃（Bisque Doll）、蠟製娃娃（Wax Doll）、紙漿混膠娃娃（Papier Mache Doll）、提線人偶（String Puppet）、音樂盒（Music Box）、活動玩具書（Movable Book）、木馬（Rocking Horse）、玩具火車（Toy Train）等。而以原料來分，就有木製、布製、紙製和金屬製。金屬玩具當中又以馬口鐵玩具為歐洲、乃至美洲百多年來主流的玩具工業之一。

馬口鐵是一種鍍錫的低碳薄鐵板，因為軟硬適中，非常適合衝壓和製作成簡單的玩具如馬車、萬花筒、喇叭、動物和人物等。而隨着文化的發展與工業的進步，西方利用馬口鐵製造的玩具更趨多樣化。但由於技術上的限制，加上玩具圖案在當時均由人工逐件手繪而成，因此鐵皮玩具未能大規模生產與發展。一直到十九世紀末葉，鐵皮印刷機的發明，和把發條原理應用到玩具上的技術取得突破後，才真正加快了馬口鐵玩具的發展。

從十九世紀二十年代開始，德國的鐵皮玩具廠家就已逐漸形成，如1826年創立的赫斯公司（Hess）、1859年創立的馬克林公司（Marklin）、1865年創立的賓格公司（Bing）、1866年創立的巴蘭克公司（Plank）、1877年創立的肯特曼公司（Gunthermann）、1881年創立的雷曼公司

（Lehmann）等都是西方鐵皮玩具界的佼佼者。進入二十世紀初，單在德國紐倫堡及菲爾特（Fürth）附近的金屬玩具工廠就有將近 200 間，這還不包括德國境內的其他城市和歐美其他國家的金屬玩具生產商。

洋玩具對中國傳統玩具的挑戰

有關西洋玩具出現在中國的記載，最早可追溯至清朝同治年間同文館出身的翻譯員張德彝所寫的《歐美玩遊記》一書。張德彝在書中對英國倫敦、法國巴黎和美利堅合眾國所看到的多種兒童玩具，如蒸氣火車、木馬、氫氣球、玻璃彈子等都有詳細的描述：

> ……本巷賣有火輪車式。車長七寸，寬三寸，高五寸，質係黃銅，煙筒、輪機、水管、煤槽各器皆備，與大車無異。另一木圈，周約丈許，上安鐵轍如環形。欲演其車，即燃酒以代煤，令水沸激，輪自能馳繞木圈之上……；
>
> ……有售紅皮球者，大者如瓜，小者如桃，下繫長線，自行上升……；
>
> ……外國幼童玩藝頗多，有玩石球者，繫以海面白石作球，亦有玻璃者，繪以五彩，起自荷蘭。……

反觀中國所製作的玩具，一直也只作為小孩玩耍的耍貨，與西洋貨相比，雖然有着濃厚的鄉土氣息，但是缺乏了當代的科學原理；藝術性雖高，但式樣卻非常呆板。然而，清朝正值內憂外患，老百姓們的生活都非常艱苦，玩具既非生活必需品，能省即省，於是中國的傳統玩具工業就開始處在一種自然經濟狀態下，雖不致賠本經營，但發展卻極為緩慢。

另一方面，西洋玩具又非一般有能力如買辦者可負擔購買，因此形成清末的上海玩具市場漸漸步向兩極化發展：既有廉價的中國貨在市集上叫賣，也有昂貴的西洋貨在百貨公司銷售，從而使中國的傳統玩具工業得以保有繼續生存的空間。

中日甲午戰爭圖

中日甲午戰爭一役，清廷慘敗，日本與清政府先後簽訂了《馬關條約》及《通商航海條約》。在《通商航海條約》下，規定日本臣民運進中國或日本運進中國之貨物稅賦、釐金、雜項等各項款額，一律豁免，這無形中使東洋貨比國貨在成本及價錢上更具優勢，加上東洋玩具的新奇有趣，使上海的玩具市場自甲午戰爭一役後，演變成三分天下。

明治維新後的東洋玩具

日本的玩具工業歷史源遠流長，與中國玩具工業一樣，同為傳統的手工藝品。但被美國於 1850 年打開大門，結束了二百餘年閉關鎖國的歷史後，日本開始積極與西方國家恢復貿易和接觸。1868 年，日本天皇發佈「王政復古」號令，廢除幕府制度，實行「明治維新」，開始學習西方近代科學、辦教育、興工廠，並引進西方技術和產物。

馬口鐵（又稱洋鐵皮）在西方本用於製作家庭用品如盤、咖啡壺等，及後技術發展，漸漸用於製作餅乾罐、糖果罐及馬口鐵玩具。德國製馬口鐵玩具於明治初年開始傳入日本。洋玩具的輸入使日本的傳統玩具製造者非常震驚，但震撼之餘，亦開始尋求突破，並嘗試通過模仿西洋玩具，以製作出純日本製的鐵皮玩具供應市場。無奈由於技術不成熟，早期日本生產的鐵皮玩具非常容易損壞，顏料也容易剝落，雖然價格比西洋玩具便宜，但終究因為製作成本高昂而未能在市場上普及。

初期的日本鐵皮玩具，一般是敲打成形，再配以輪子和長線，以拖拉玩耍為主，結構非常簡單。一直到 1882 年（明治十五年），銅質彈簧的發明，才改變了玩具的式樣而誕生了第一代的日本機動玩具。接着的 1892 年（明治二十五年），花洋鐵皮印刷機的輸入及至 1900 年（明治三十三年），日人小島長藏氏引進德國新式鐵皮印刷機後，生產鐵皮玩具才有了進一步的發展。然而，始終因印刷及製作成本高居不下而未能打開市場。

甲午戰爭一役，清廷大敗並賠款二萬萬両白銀予日本，這相等於日本全國三年總收入，間接扶植了日本輕、重工業，而日本的玩具工

北洋時期小孩的穿着打扮，充分反映了上海中西合璧
的海派文化特色。

北洋時期的轉印畫或俗稱「水印貼紙」或「水轉印」，是一種廉宜的兒童小玩意。

業也在此時開始起飛。1909 年至 1910 年（明治四十二年至四十三年）間，「海羅氏」輕便式鐵皮印刷機（Hirose Portable Tin Printer）的發明，加上新式衝床被引進日本，印刷及製作鐵皮玩具的成本大幅度降低，產量接着提高，而使日本一躍而成為二十世紀重要的玩具製造國之一。

從鄙視、學習到發展

日本人在明治維新後，開始學習西方經營模式，對市場的變化充分掌握與了解。而且為了配合及適應市場，願意對自己的商品加以改良，以達到增加競爭力和擴大市場的目的。加上特設情報機關，調查各中國商店經理名稱、所銷售之品種和對象，甚至購買英、美兩國之入口洋貨，寄回日本工廠研究，作進一步改良以適合中國市場。

1905 年日俄戰爭以後，中日貿易擴大，去上海發展和居留的日本人開始增多。據 1906 年 2 月，日本總領事館統計，在上海居留的日本人已有 5,825 人，其中以長崎人最多。早期到上海的長崎人大多數是

零售商人，雖然最初在上海的經商活動都不太成功，但長崎人很快就學會了以顧客的多角度出發來思考問題。他們為了更易於在中國推銷日貨，不僅宴客搞排場和贈送樣品，還積極拉攏華商，於是原本售賣華洋雜貨的商店，也開始逐步改銷日貨。在這樣的情況下，傳統國貨根本無法和東洋貨競爭。東洋玩具大量輸入上海市場，使原本經營已日漸困難的中國傳統玩具，在當時來說，不僅無法與西洋玩具比較，比起東洋玩具來說，也相對落後。而早期在上海經營玩具業的也是長崎商人，如 1887 年在文監師路（今塘沽路）開設經營教育玩具商店的古賀淺吉、 1899 年在吳淞路開設村井號玩具店的村井熊太郎。

　　清政府在甲午戰爭大敗後，開始認為以日本區區小國，竟能在數十年間變得如此強盛，實在不可思議，於是學習日本成為當務之急。這股學習風氣不僅涉及上至工業、軍事、司法制度，下至教育行政、文化、商業經營、實業管理，同時也包括了小如玩具等輕工業。

　　直隸河間府士紳王用先就曾於 1905 年（光緒三十一年）赴日本考察教育管理時，買進多種日本製幼兒玩具，以作為日後製作中國玩具的參考。 1910 年（宣統二年），留日學生姜俊彥也從日本帶回製造賽璐珞（Celluloid）玩具的模具，並於第二年創辦了中國上海第一家賽璐珞玩具工廠，名為「大中華工廠」。雖然東洋玩具從清末民初時期至第一次大戰前仍不斷輸入中國，但事實上經過不斷的考察、學習和模仿，整個中國玩具工業正在開始轉型，新一代的民族資本玩具工業亦正在萌芽。

　　1911 年（宣統三年），中國上海終於出現了第一家國產的范永盛金屬玩具工廠，利用馬口鐵皮邊角餘料或廢舊餅乾罐，生產一些簡單非機動性的鐵皮玩具如搖鈴、小船、不倒翁等。 1915 年（民國四年），應市場需要，大中華工廠擴充為大中華賽璐珞股份有限公司（The Great China Celluloid Goods Manufacturing Co. Ltd.）。

　　1917 年（民國六年），上海商務印書館設立玩具部，並於翌年開始製造教育玩具。 1918 年（民國七年），中國第一台有花洋鐵皮印刷機由上海商務印書館引進。加上 1919 年（民國八年），上海愛國玩具廠的成立，還有上海振藝機製兒童教育玩具廠，使中國玩具工業有了更

洋玩具如盪馬、童車等雖然自十九世紀八十年代就已開始不斷輸入中國，但由於價格昂貴，不是一般的家庭或尋常老百姓可負擔的。

上海振藝玩具廠於二十年代生產的發條鐵皮玩具車

1919 年上海大東書局出版的《玩具製造法》

進一步的發展。

　　1914 年，第一次世界大戰爆發。英國、德國、法國等列強無暇
顧及遠東市場，加上日本駐華公使於 1915 年單方面向中國當時的總
統袁世凱提呈了「二十一條」，引起了極大的公憤，大量日貨開始被抵
制，這才真正加快了中國民族玩具工業的發展，和形成一種對近代玩
具工業發展的有利條件。上海大東書局於 1919 年出版的一部《玩具製
造法》的序篇中，就說明了當時玩具市場的一些情況：

　　　　近自東鄰逞其強暴於我作非分之要求。國人憤慨相與抵
　　制其貨。堅持不買。是愛國熱心之所流露。吾人所當慶敬者
　　也。唯是一方抵制外貨。一方必須提倡國貨。以為根本之解
　　放。即如玩具一項。舊時市肆所陳。大抵東貨居多。利權外
　　溢。誠可慨已。

英國著名建模玩具美加納於 1918 年出版的中文版説明書

西方兒童教育理論在中國漸受重視

　　上海近代玩具業的形成，除了上述的客觀條件外，也與西方的兒童教育理念漸被中國認同有着密切的關係。1903 年（光緒二十九年）清政府頒定了《蒙養院章程》後，中國有了正式的幼稚園教育，雖然其辦學方式乃模仿日本，但卻意味着西方的兒童教育理論，進一步在中國受到重視。

　　積木是西方幼童成長過程中的玩物，由德國人苦汝皮氏（今稱福祿貝爾，Friedrick Frobel, 1782-1852）所創，類似中國的七巧板，是最早輸入中國的玩具品種之一，也是形成中國近代玩具工業發展之八大類別的其中一項[1]。

　　積木在清末的幼稚園教學中被認為是「智者之始基」，二十年代的著名兒童教育家陳鶴琴先生（1892-1982）也把積木歸類為思維型的活玩具，可見積木對兒童的啟蒙時期有着非常重要的地位。

　　而同一時期，類似積木的智者玩具，由英國人設計的美加納（Meccano）建造模型也開始傳入中國。在美加納公司於 1918 年出版的中文版《美加納雜誌》中，亦進一步看出西方玩具製造者將玩具視作教育兒童的一項環節，是極為重視的：

1　其餘七項分別為馬口鐵玩具、賽璐珞玩具、玩偶、童車、橡膠玩具、布玩具和紙玩具。

美加納出售於市上。本為一小兒之玩物。使兒童對於工程上之奇物。能於遊戲中習熟之。

美加納不特為一玩物而已。吾輩對於美加納。有極重要之一端心須記憶者。則當兒童玩弄美加納之時。彼等實習用工程學上之雛形。以此等雛形之動作。固與實驗上之工程機素相合者也。

玩具作為西方教育的一部分，在中國的儒家傳統教育中是絕無僅有的，而能把中國的兒童教育與玩具相結合，在清末時期更是鳳毛麟角。因此當近代出版家張元濟先生（1867-1959）提出以「扶助教育為己任」作為商務印書館的出版方針，並於1908年（光緒三十四年）出版中國第一套兒童識字遊戲《學部審定五彩精圖方字》後，對中國的教育界和玩具界確實起了拋磚引玉的作用，而且顯得特別珍貴和難得。

商務印書館製作教育玩具

張元濟，字筱齋，號菊生，前清翰林，生於1867年（同治六年）廣州，一生致力於教育事業。1898年（光緒二十四年），因為百日維新失敗，張元濟遭革職而到了上海謀生。第二年，經洋務大臣李鴻章的推薦，張元濟得以進入南洋公學（上海交通大學前身），任譯書院主事。後來因商業關係，張元濟認識了商務印書館創辦人夏瑞芳，被他的崇高理想和遠大的目光與抱負所感動，於1902年正式加入商務印書館。

當時中國正處於內憂外患，張元濟認為國家盛衰，繫於人才，而人才又出自學校。基於此，張元濟於1910年3月，出國考察教育、印刷及出版事業。從上海出發，經廈門、新加坡、柔佛、檳城、斯里蘭卡（古稱錫蘭）、埃及；再經法國、倫敦、比利時、荷蘭、德國柏林、瑞士、意大利、威尼斯、羅馬、巴黎，再回倫敦；接着跨越大西洋，抵達美國紐約；再經太平洋、夏威夷，抵達日本橫濱，再從日本神戶乘輪船返回上海。

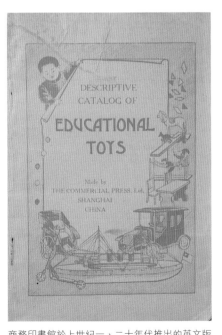

商務印書館於上世紀一、二十年代推出的英文版玩具批發目錄。

近代著名出版家
張元濟先生

位於上海閘北寶山路的商務印書館新廈外貌

商務印書館博物製造部

商務印書館玩具製造部

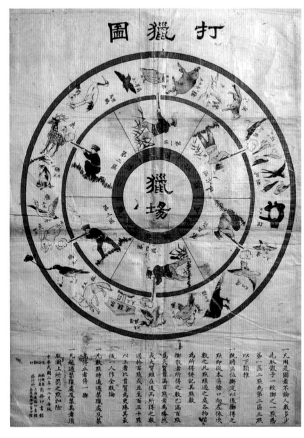

商務印書館於 1911 年生產的《打獵圖》，是張元濟先生參考了西方的教育玩具後，再設計出適合中國兒童的紙類遊戲玩具。

商務印書館上世紀二十年代生產的《動物牌》兒童紙類遊戲玩具

此次的環球之旅將近一年，張元濟認為外國之強大，全因繫於教育之上，而教育的根本，又在於兒童，而玩具作為當代教育兒童的重要手法，生產教育玩具是急不容緩的。於是在歸國途中，張元濟就開始計劃編製適合中國兒童的教育玩具，並且很快與好友高夢旦在返回上海的輪船上，以歐洲一種遊戲棋為基礎，聯合編製了《選舉圖》遊戲。回到上海後，又馬不停蹄地編製了《選舉籌》、《常識牌》、《軍人牌》、《植物牌》、《動物牌》、《中國歷史牌》、《中國地理牌》、《世界地理牌》、《英文字母牌》、《英文會話牌》、《九九數牌》、《五彩國旗牌》、《五彩修身圖》、《中國鐵路圖》、《周遊中國圖》、《打獵圖》、《跑馬圖》、《中國航路圖》、《環遊世界圖》、《五彩交通進化圖》、《五彩從軍圖》、《運動圖》、《賽跑圖》等合共 24 種國民遊戲玩具，於 1911 年 (宣統三年) 學校暑假期間推出。

計數釣子

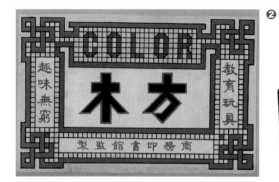

COLOR 方木

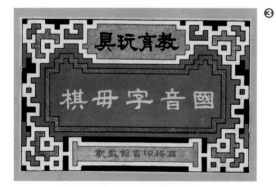

教育玩具 國音字母棋

玩具 己種積木 教育

甲種積木

民國一十至三十年代，商務印書館生產及監製之各類玩具：1. 計數釣子；2. 方木；3. 國音字母棋；4. 己種積木；5. 甲種積木；6. 海陸軍戰棋；7. 交通六面畫；8. 動物棋；9. 活動影戲。

1914 年（民國三年），爆發了第一次世界大戰，西方列強無暇東顧。中國農商總長張謇由此力勸各業界利用此次歐戰時機，振興國貨。而商務印書館亦趁此機遇穩步發展，所出品的兒童玩具，在首屆（1915 年）美國巴拿馬太平洋萬國博覽會中，拿下了二等銀牌獎。

三年後，商務印書館開始全力發展製造兒童教育玩具，不僅有紙製遊戲、木製活動玩具，還有鐵皮玩具。種類繁多，包括：

（一）建築類：分積木及構造積木兩種，各分甲乙丙丁四種，並附建築模型圖；

（二）交通類：電車、火車、摩托車等；

（三）軍事類：炮隊、步隊、馬隊、艦隊等；

（四）數學類：習數方木、五彩加法盤、五彩九九算盤、九九數牌等；

（五）英文類：英文字母牌、英文會話牌等；

（六）動物類：活動犬、活動虎、活動馬、活動雞、活動兔等二十多種；

（七）體操遊戲類：單槓運動、雙槓運動、打獵運動、跳繩、枱上投環等十餘種；

（八）手工類：五色排版、五色線球、五色木球、五彩方木、插板等；

（九）棋類：海陸軍戰棋、炮台棋、西洋棋、六角棋等；

（十）人物類：不倒翁、不倒人、小學生、聖誕老人等；

（十一）雜類：六面畫、萬花筒、活動畫片等。

進入二十年代，商務印書館出品的教育玩具在國內更是獲獎無數，計有 1921 年上海總商會第一次展覽會中獲優等獎、金牌獎、銀牌獎；1922 年安徽省立第一商品陳列所獲最優等獎狀；1923 年安徽省立第二商品陳列所獲最優等獎狀；1925 年江蘇省第三次地方物品展覽會獲一等獎，及 1928 年國民政府工商部中華國貨展覽會中獲特等獎及優等獎。

中國近代玩具工業在二十世紀初開始起步，雖然受技術和資金等客觀條件的限制，規模上無法與西方玩具工業相比，但隨着中國民族

清末至民國三十年代，商務印書館出版之各類兒童讀物。

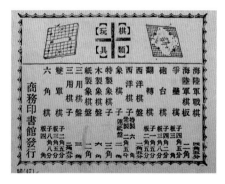

商務印書館推出之各類玩具廣告，其上清楚列明當時的玩具零售價。

商務印書館於上世紀二十年代出版的手工叢書系列之《玩具圖說》

《五彩精圖方字》是中國近代玩具史上第一
套兒童識字遊戲，由商務印書館於清末光
緒三十四年推出。圖中《五彩精
圖方字》是民國一十年代版本。

民國一、二十年代，商務印書
館生產之鐵皮萬花筒。

資本主義的發展及兒童教育日益受到重視，國貨玩具的需求逐漸增多。

商務印書館從 1908 年製作館內第一套兒童遊戲《學部審定五彩精圖方字》開始，至二十年代初期，經過了十餘年的努力，共推出了二百餘種適合不同年齡的兒童遊戲玩具。可以説，在民初的兒童玩具發展中，商務印書館出品的玩具在市場上佔據非常重要的位置。

近代玩具工業在民初時期的經營處境

在整個一十年代的上海玩具工業形成階段，有一個有趣的現象，是大部分從事玩具製造的民族企業，除了上海愛國玩具廠、范永盛玩具工廠是專職生產玩具外，其餘的如大中華賽璐珞廠、商務印書館、中華書局、由華僑容子光兄弟創辦的中華橡皮廠，或清末民初創立的教會組織「濟良所」等都為兼職性質。

大中華賽璐珞廠生產賽璐珞用品如肥皂盒、牙刷；商務印書館則從事出版及印刷事業；中華書局基本上與商務印書館相似；中華橡皮廠除了生產橡皮玩具，也生產人力車胎和皮鞋底根，而教會組織「濟良所」則除了生產遠銷國外的著名中國人物娃娃（Door of Hope Dolls）外也生產外銷的紀念品。

隨着兒童教育理念日漸受重視的情況下，玩具業的蓬勃發展是可預見的，但實際情況是民初的玩具工業在發展上非常緩慢和有限。究其原因主要有三方面：

其一為資本的限制，雖然第一次世界大戰期間，西方列強無暇顧及遠東市場而讓中國民族企業得以初步形成，但畢竟西式玩具在中國是門新興工業，如以小本經營開始，投資額可從三十圓（銀圓）起至五千圓不等，但若要與東洋玩具或西洋玩具競爭，則需要經營一間較具規模的工廠，那投資額則需五、六萬圓以上。而玩具畢竟不像其他輕工業如紡織品或瓷器等有大量的需求作後盾，因此在缺乏市場推動底下，唯有在原有的企業基礎上，把發展玩具作為副業以測試市場反應。

其二則為技術問題，製作傳統中國玩具有別於近代中國玩具。西式玩具的構造遠比傳統玩具複雜，不僅涉及許多西式技術和工具如

商務印書館推出之玩具廣告

中華書局推出之玩具廣告

商務印書館和中華書局是民國時期上海兩大書局。圖中玩具是中華書局出品的《彩圖方字》和《軍棋》。

中華書局於民國六年推出的月份牌。畫中清楚地反映了當時上世紀一十年代流行的小玩具。

鉗、銼刀、鎔金器、穿孔器、截斷器、車床、印刷等，而且需要有足夠時間去培訓適當技術人員去學習開模、落石、操作衝床、印刷機和專業美術人員設計玩具圖樣，因此在各方面條件欠成熟下，近代玩具工業在起步上非常艱辛。

其三為市場能力的不足，傳統的玩具銷售者都以沿街叫賣或者在市集上出售為主。而東洋、西洋貨則通過不同的渠道來達到銷售的目的，把本已奄奄一息的中國傳統玩具慢慢擠出市場。雖然在愛國抵貨運動下，新一代的中國玩具工業得以有形成的機會，但誠如 1919 年出版的《玩具製造法》的作者王靜宜說：

> 國人於工藝知識本極淺薄。所作玩具皆陋劣不足觀。

在這種情況底下，中國玩具的銷路是可想而知的。加上歐戰結束後，洋貨再次捲土重來，使中國玩具再次面臨困境。

但總的來說，近代玩具工業的起步雖晚，而且發展緩慢，但也同時鼓舞了日後許多著名的民族玩具企業如愛國玩具廠、振藝玩具廠、康元製罐廠、鐵華玩具廠、中國玩具廠、中國棋子廠、新藝玩具廠、兒童教育玩具廠、中國工藝社等沿着這基礎上逐步發展出來。

民國三十年代是兒童玩具的黃金時代，市面上除了各式的西洋與東洋玩具外，國貨玩具也在「支持國貨」的口號下得以迅速發展。

第三章

上海玩具工業之發展
及其黃金時期（1919-1941）

民國三十年代流行的鐵皮玩具口哨

西化後的國貨玩具發展

　　辛亥革命推翻了滿清，但也招來了西方列強。大量洋貨的輸入，
使上海一些傳統行業受到衝擊，但同時也創造了許多新興的民族資本
企業。第一代的西式「中國製」玩具，於甲午戰爭後開始在上海出現。
第一次世界大戰的爆發，使近代玩具工業得以順利發展，但隨着歐戰
的結束，西洋玩具又重新進入上海市場。由於技術落後，成本較高，
而品質又難與西洋貨競爭，因此一十年代的上海玩具工業是非常脆弱
的，所幸的是1919年爆發了愛國的五四新文化運動後，愛國熱情彌補
了這方面的不足。雖然青島爭取失敗，但愛國運動得以蓬勃開展，國
貨在市場上也得以重新受到重視。只是雖然國人一邊抵制日貨支持國
貨，但仍然有許多國人在國難當頭購買日本玩具。

中華書局於上世紀二、三十年代出版之《小朋友》兒童讀物。

步入二十年代，北洋軍閥開始連年混戰，再加上北伐戰爭，市面上商業蕭條，但上海的兒童文化及玩具行業卻反而加速發展。兒童教育受到文化先驅者如魯迅、冰心、郭沫若、鄭振鐸、黎錦暉、丁錫綸等人的重視，加上美國實用主義教育家杜威（John Dewey, 1859-1952）於 1919 年到中國宣傳「兒童本位論」[1]，把「兒童熱」迅速推上高峰。兒童書刊如《小朋友》、《兒童知識》、《中華童話》等如雨後春筍般湧現。

而玩具工業方面，更是發展迅速。尤其是當日本帝國主義對中國步步進逼，發生了 1925 年「五卅愛國抵貨運動」後，以上海為中心、一場又一場的「提倡國貨」運動開始拉開了序幕，由 76 個團體組成的「上海提倡國貨會」也正式誕生了。據當年《申報》的報導說：不僅上海國貨商場的門市部非常擁擠，而且批發部門的銷量也直線上升，各地新開的國貨商店也來採辦上海出品的皮箱、搪瓷、牙刷、肥皂、布匹、玩具和罐頭食品等。

因此，國產玩具如 1919 年創辦的愛國玩具廠生產的娃娃、鐵皮機動玩具；1920 年創辦的大達玩具廠生產的大搖馬、小搖馬、三輪車、洋圖圖車；1925 年創辦的恆康玩具廠生產的盪馬；1927 年創辦的義興昌兒童車廠生產的童車；1927 年創辦的勝泰玩具廠所生產的鐵

上世紀二十年代的　鐵皮「雞吃米」玩具。玩法是手握金屬柄　搖動，圓盤底部之小鉛球會因手部擺動　而跟着旋轉，從而帶動了圓盤上之三隻雞點頭吃米。

上世紀二、三十年代流行的兒童讀物。

1　「兒童本位論」即兒童中心主義。1919 年五四運動前夕，美國教育家杜威來中國進行講學，提倡和傳播實用主義哲學、教育學和兒童本位論等，得到當時許多知識分子的支持和擁護。催生了五四時期的兒童本位思想，湧現出一批作家，創作了許多優秀的兒童文學作品。

三十年代上海南京路上的兒童玩具商店

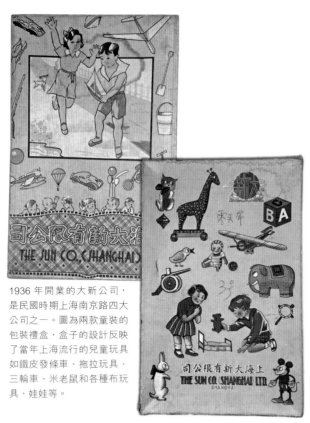

1936 年開業的大新公司，是民國時期上海南京路四大公司之一。圖為兩款童裝的包裝禮盒，盒子的設計反映了當年上海流行的兒童玩具如鐵皮發條車、拖拉玩具、三輪車、米老鼠和各種布玩具、娃娃等。

民國時期的玩具店「永和玩具號」

民國三十年代，已有許多西洋玩具進入上海市場，如創立於 1900 年的美國品牌 Lionel Co.、創立於一十年代的德國品牌 Tipp & Co.、創立於二十年代的英國品牌 Tri-Ang，和創立於三十年代的英國品牌 Mettoy 等。圖為 Mettoy 的產品目錄。

皮機動玩具、1927 年創辦的中國棋子玩具廠生產的積木、六面畫；1929 年創辦的中華教育用具廠所生產的兒童玩具、標本模型、風琴、文具和一些小工廠如上海華成廠、上海鴻元廠製造的一些小鐵皮萬花鏡玩具等的銷量開始上升，並迅速擴大市場。再加上民族資本的大型百貨商店如先施公司、永安公司、新新公司、上海商場等對國貨的支援，也為國貨玩具提供了一個非常有利的銷售管道。

國民政府對實業的支持，也為國貨玩具界的發展提供了有利的條件。如 1919 年教育部為了讓國貨玩具可與洋貨競爭，特批准景發白創辦的中華玩具公司生產的玩具免稅。1928 年工商部批准三星玩具公司生產的玩具打火紙免稅。1929 年，國民政府財政部特批姜俊彥創辦的大中華賽璐珞廠生產的各種賽璐珞物品，按照機製洋式貨物在國內銷售採用的現行稅制，只徵收第一關局出口正稅和內地稅，其他稅釐不再重徵。1930 年，上海愛國玩具廠出品的鐵皮玩具按照機製洋式貨物稅 [2] 處理，只徵收出口正稅及二五附

英國 Mettoy 出品的鐵皮發條巡警摩托車

德國 Tipp & Co. 出品的鐵皮發條雙人摩托車

2　1920 年（民國九年）北京政府稅務處制定了《機製洋式貨物稅現行辦法》。該辦法規定，機製洋式貨物的徵稅範圍是，各廠機器生產的各種貨物運銷國外，免徵一切稅釐。運銷國內在經過第一關徵一道正稅後，會發給「特別免重徵」執照，而貨物運出口岸持海關出口證明，工廠可向第一關領還繳稅款。

鐵皮「雞吃米」玩具是民國三十年代非常流行
的玩具之一，上海愛國玩具廠、上海錫昌玩具
廠、上海鐵華玩具廠和中國教育玩具廠等先後生
產過這款玩具。外型設計基本相似，只是公雞圖
案和花紋上略有不同。圖為上海錫昌玩具廠出品的
「雞吃米」版本。

小型單槓運動鐵皮玩具，約
五公分高。玩法是用拇指和
食指，輕輕擠壓玩具呈倒三角
的左右操縱桿，在一壓一鬆下，小鐵皮人
就會做出有如單槓運動中的空翻動作。

李合興玩具廠出品，供三
至五歲兒童玩耍的鐵皮響
鈴玩具。

中國教育玩具廠廣告

稅[3]，其他稅釐不再重徵，貨物出口免徵稅。

可以說，上海的玩具工業自辛亥革命以來，已從一種傳統的玩具小工業，逐漸發展成一個較具現代化的近代玩具工業，開始進入了上海玩具工業史上的第一個高峰期，第一次嚐到了豐碩的果實。

國貨玩具行業從三十年代開始進入了成熟期，而日本方面亦加緊有計劃地侵略中國。商務印書館首當其衝，在 1932 年 1 月 28 日晚上，日本海軍陸戰隊突然發難，侵犯上海閘北，第二天更出動多架戰鬥飛機，在商務印書館上空投下六枚炸彈，使商務印書館全廠，包括玩具部、印刷部在內的所有設備，在一剎那間全部被毀。

雖然隨着日本侵佔中國的野心不斷擴張，上海先後經歷了「一·二八」事變及「八·一三」戰役，但上海的玩具工業卻依然繼續成長，即使在抗戰時的「孤島時期」，玩具工廠仍不斷成立，而且出奇地蓬勃。

據資料顯示，自 1911 年留日學生姜俊彥回上海後創辦的第一家賽璐珞玩具廠開始，到三十年代初期，上海玩具工業已發展到四十多家，生產着上千個品種的玩具。而從三十年代初期至太平洋戰爭前的十年內，差不多平均每年都有新的玩具廠成立，計有：

1930 年創辦的永昌祥玩具廠；

---

3 「二五附稅」即 2.5% 附加稅，是國民政府對機製洋貨出口徵收的一種附加稅，於 1929 年（民國十八年）2 月 1 日開始施行。

1932 年創辦的中國教育玩具製罐廠和中國工藝社；

1933 年創辦的上海鐵華玩具廠和永義昌玩具廠；

1935 年新成立的中國上海康元製罐廠玩具部和上海衛生工業社；

1937 年創辦的森昌玩具廠；

1938 年創辦的大興玩具廠；

1939 年創辦的上海新藝玩具公司。

除了上述多家玩具工廠外，還有一些同樣是二、三十年代但不知

民國時期流行之各種小玩意：1. 萬花鏡；2. 鐵皮小槍；3. 單輪走鋼絲玩具；4. 鐵皮小笛子；5. 木製彈子盤；6. 鐵皮鼓；7. 鐵皮儲蓄罐；8. 鐵皮發條汽車。

除了路邊的玩具攤檔、百貨公司玩具部和兒童玩具商店外，民國時期的書籍文具商店也會兼售小孩玩具。圖為中洲和發盛書籍藥材店的廣告。廣告上清楚列明經營範圍：「本號開設京白線大費縣西大街路北門面三間，自運兩洋書籍、文具、學校用品、玩具、小說、紙張、賬簿應有盡有⋯⋯賜顧諸君駕臨賞鑒，敝歡迎無任，方知言之不謬也。」

年份創立的玩具廠或相關企業，全職或兼職地製作兒童玩具。如上海金門木工廠、大中國賽璐珞製品廠、中國標準工廠、中興賽璐珞廠、永秀齋賽璐珞製品廠、永勝賽璐珞廠、美華化學工業製造廠、義康賽璐珞廠、寰球協記賽璐珞廠、三星五洲聯合玩具廠、大同玩具廠、中國機器模型廠、中興國貨工業社、中聯國貨工業社、松筠工藝社、派克玩具廠、康利工業廠、康福工業社、華利永記鏡廠、華森機器廠、萬國工業廠、萬如工業社、實業棋子玩具工廠、仁福玩具號、魏順記五金玩具廠、民眾工業合社、勝利鐵工廠、上海潤餘廠、上海錫昌廠、天工金屬製造廠、上海源昌廠、張記、上海曹廷記等。

當然還有糖果餅乾公司如上海冠生園出品的糖果玩具、以宣傳品牌為目的的廣告玩具，如上海五洲藥房推出的儲蓄罐玩具、新華銀行為紀念成立二十週年而推出的不倒翁儲蓄罐玩具、上海新華書局出品的兒童儲蓄罐玩具、金錢牌熱水瓶的熱水瓶萬花筒玩具及上海四大計程車公司之一的雲飛計程車公司推出的機動計程車玩具等。再加上南京路四大公司，先施、永安、新新、大新及中國國貨公司出品的玩具，還有兒童、新亞、大眾各書局推出的兒童方塊字遊戲等，使整個上海的玩具行業在三十年代呈現了一片欣欣向榮的生機。

國貨玩具的種種

三十年代可以說是上海最摩登的年代，也是上海玩具發展最迅速的年代。從傳統的七巧板到最現代的發條玩具；從六面畫到積木構造；從活動賽璐珞玩具到活動鐵皮玩具；從小型兒童腳踏三輪車到大型腳踏坦克車、腳踏飛機等，還有各式各樣的迪士尼玩具、糖果玩具與各類兒童商品，種類可謂五花八門，令人目不暇給。

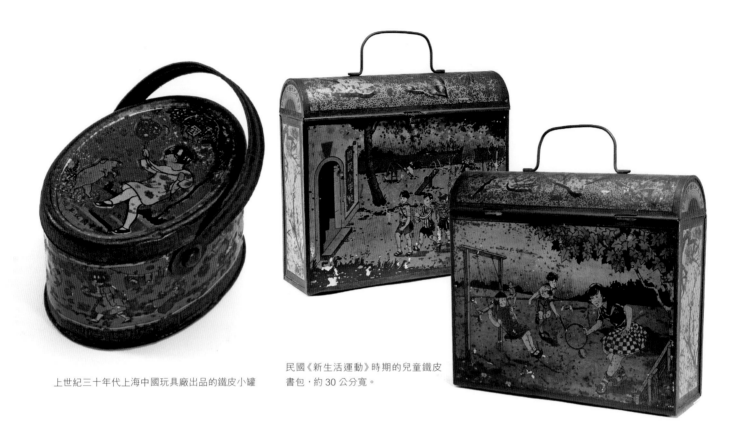

上世紀三十年代上海中國玩具廠出品的鐵皮小罐

民國《新生活運動》時期的兒童鐵皮書包，約 30 公分寬。

（一）鐵皮玩具

　　鐵皮玩具、賽璐珞玩具、木製玩具、洋囡囡（娃娃）、童車盪馬、橡膠玩具、布玩具和紙玩具是中國上海近代玩具工業的八大支柱。在眾多製造鐵皮玩具的工廠中，尤以中國上海康元製罐廠的成就最為突出。創辦人項康原只用了十多年時間，就從一家幾個人的花鐵印刷小廠，發展成幾百人的製罐兼玩具大廠，所生產的鐵皮玩具堅固耐玩，而且更成為三十年代全國最有影響力的玩具名牌，而這影響力也一直延續至上世紀八十年代，達半個世紀之多。

　　中國上海康元製罐廠創立於風起雲湧的二十年代。當時印刷製罐業為上海重要工業之一。民國初期，上海的鐵罐包裝均由歐美國家生產，上海則苦於沒有技術支持及生產知識不足而陷於被動。日本則早於明治初期，已開始接觸花鐵製成品，及後更學習花鐵印刷和製罐，而且取得相當大的成就。

上海康元印刷製罐廠鐵皮月份牌廣告

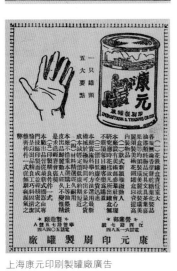

上海康元印刷製罐廠廣告

上海康元製罐廠股份有限公司
的前身是上海康元印刷製罐
廠。圖為上世紀二十年代上海
康元印刷製罐廠的廠章。

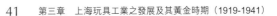

上海康元印刷製罐廠十週年記念冊

上海愛國玩具廠生產之各種鐵皮小碟和小鉛桶

上海愛國玩具廠成立於 1919 年，起初以生產娃娃為主，1921 年開始製作鐵皮玩具。圖為仿製德國「雞吃米」的國產「雞吃米」玩具。

　　隨着上海市場不斷開放，市場上所出售的各種顏料、油漆、化妝品、糖果、餅乾等均須用鐵罐包裝，因此日本的製罐商人，意識到製罐業在上海的發展潛力，於是挾着技術的優勢，紛紛湧到上海開拓市場。

　　但五四運動後，愛國情緒高漲，「抵制日貨、提倡國貨」之聲此起彼落，迫使日本製罐企業無奈把發展放緩，甚至退出市場。而同一時期，康元製罐廠的創辦人項康原也意識到上海市場除製罐工業外，花鐵印刷也必定有所發展，他很快就籌集到所需的五萬資金，並且購置了花鐵印刷機，於 1922 年（民國十一年）在上海有恆路武陵里，開設了「康元花鐵印刷廠」。

　　兩年後，生意夥伴之一的日資「工商製罐廠」因經營不善而面臨倒閉，項康原抓緊稍瞬即逝的時機，毫不猶豫地把它接管下來，然後與「康元花鐵印刷廠」合併，改組為「康元印刷製罐廠」，把廠址設在華德路 965 號。

　　1927 年（民國十六年），北伐成功，南京政府正式成立。成立後的南京政府，積極推行新措施，對上海工商界創造了有利的發展條件。而項康原再次看準了時機，根據生產發展藍圖及需要，將「康元印刷

上海愛國玩具廠於上世紀二十年代出品的鐵皮兒童鼓，玩具上印有「毋忘國恥」四字，旨在向兒童灌輸愛國思想。

上海愛國玩具廠的玩具廣告

製罐廠」再次擴充。擴充後的「康元印刷製罐廠」，共設有 22 個部門，大小印刷機 12 座、落石機 18 座、大小製罐機 120 座，工人增至 500 多人，每年可生產 4,000 多萬隻罐，營業額激增至百多萬元。

　　1933 年，「康元印刷製罐廠」通過新加坡虎標萬金油老闆胡文虎的撮合，與香港華益印鐵製罐有限公司合併，組織成中國最大的印刷製罐公司，藉以壟斷上海的製罐業。合併後，董事部把「康元印刷製罐廠」改名為「中國康元製罐廠股份有限公司」，英文名為 "The China Can Company Limited"。

上海愛國玩具廠生產之各種鐵皮小罐

上海愛國玩具廠出品的鐵皮發條「戰艦」玩具，上面印有北洋時期的五色旗和十八星旗。

上海愛國玩具廠生產的鐵皮發條「電車」，玩具車內坐着中國婦女和洋人，反映了民國時期上海是一個華洋雜處的國際大都會。

上海愛國玩具廠出品另一款鐵皮鼓

三十年代的上海，除印刷製罐業外，鐵皮玩具的發展也相當蓬勃。雖然當時洋貨仍然充斥着上海市場，但「上海製」的鐵皮玩具在「國貨救國」這口號的大力提倡下，也逐漸形成氣候。

項康原在經過考察和對上海玩具市場作了充分的分析後，深覺玩具工業在上海還有相當大的發展空間，由於鐵皮玩具與鐵罐所需之原料均為馬口鐵，因此項康原在發展印刷製罐的同時，也開始思考是否可以利用鐵皮的邊角餘料來製作玩具，一來可以物盡其用，二來可以減低成本，三來又可增加營業額。

但製作鐵皮機動玩具畢竟不像印刷製罐來得簡單直接，而且所涉及的技術問題也不能在短時間內解決。所以項康原在反覆思考後，認為唯有與現有的玩具廠合併，才是最好的解決方案，這不僅大大減低技術與時間成本，同時也縮短了產品開發期，使新產品能更快打入市場。當時在少數的玩具工廠裏，有一家成立於一十年代，以「赤心愛國牌」為商標的「愛國玩具廠」所出品的機動鐵皮玩具，在市場上的反應非常好。玩具品質可與東洋、西洋貨媲美，例如 418 上海電車、422 護法艦、459 毋忘國恥鐵皮鼓及一些鐵皮小鉛桶和小鐵盤等。

上海康元製罐廠出品的鐵皮發火機關槍

兩款上海康元製罐廠的宣傳海報

上海康元製罐廠的玩具廣告

上海康元製罐廠出品的鐵皮發條巨型飛機

上海康元製罐廠生產之
鐵皮發條坦克車

用於玩具上的發條鑰
匙，非常精緻，鑰匙上
帶有康元製罐廠商標。

上海康元製罐廠的玩具廣告

「愛國玩具廠」（The Ngai Kuo Toy Manufacturing Co. Ltd.）成立於
1919 年。原先以製作娃娃為主業，1921 年才開始生產鐵皮玩具。一
年後，資本額猛速增長至二萬元，並在大同路自設廠房。1925 年，生
意額不斷上升，於是決定在新加坡路（今餘姚路）再另建更大廠房。

1933 年底，由於市場對鐵皮玩具需求日增，項康原決定與「愛國
玩具廠」聯繫，希望他們能夠協助「康元製罐廠」組織玩具部。經過多
次接觸後，「愛國玩具廠」總經理趙錫之終於答應併入「康元製罐廠」，
並且在翌年成立了「中國康元廠玩具部」。

為了加強玩具部的發展，項康原接着再向社會招聘多位專業工程
設計繪圖人，與原先「愛國玩具廠」班底的設計人員一起研究並仿製
當時德國和日本的流行鐵皮玩具。經過半年多的努力，終於在 1935
年推出了第一批以「一隻盛有飯的碗及一雙筷子」為「康元」新商標的
鐵皮機動玩具，有跳雞、跳蛙、汽車、飛機、爬娃、甲蟲、搖鈴、六
面畫、象棋、升線猴等。

由於市場對「康元製罐廠」出品的玩具的反應比預期好，日夜趕
製仍不能應付所需，因此項康原於同年再次招股，並增資 200 萬，把
總發行所遷入廣東路 247 號，然後把玩具廠房遷入可容納數百人的塘
山路 1010 號。同一年，天津分廠開幕。到了 1936 年，新玩具品種不

46

上海康元製罐廠生產的各款
玩具：1. 跳蛙；2. 雜技象；
3. 活動蛙；4. 升線猴；5. 魚；
6. 犬；7. 金龜。

活動鱷魚

活動猴

活動象

每款康元玩具均印上「一隻盛有飯的碗」及
「一雙筷子」的康元商標

在正式印刷前，必先打稿用以確定玩具設計的色
彩和圖案是否正確。圖為幾款康元玩具的打樣稿。

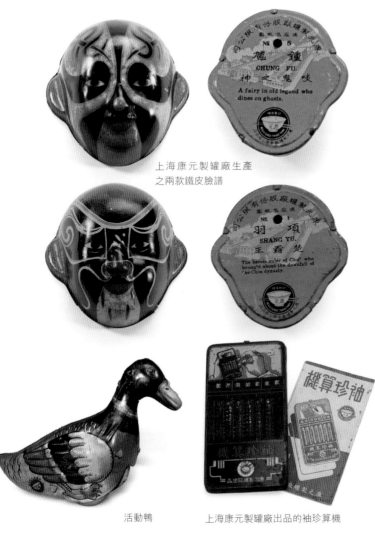

上海康元製罐廠生產
之兩款鐵皮臉譜

活動鴨　　　上海康元製罐廠出品的袖珍算機

康元廣告

兩款用於推銷康元產品的紙
製廣告扇

斷湧現，計有 201 活動鱷魚、202 活動犬、203 活動猴、204 活動蛙、
217 活動象、220 活動鼠、221 活動熊等，品種已達四、五十種，生產
人員接近 300 人，產值數十萬。除鐵皮玩具，還有木製玩具。

　　為了讓市場對「康元出品」有更深的認識，並達到「凡我中國兒
童，必有康元玩具」的目的，康元廠不僅在多份報章雜誌上大做廣告，
而且還推出多種廣告宣傳品如紙扇、包書紙和鏡子等。這一年正是康
元廠最輝煌的時期。

象棋

聖蹟六面畫

音樂罐

偽鐵皮小雞和康元鐵皮小雞在造型上和功能上基本相似，分別在於商標。偽造品的商標和康元商標比較，可發現在設計上少了個外圍圓圈。

康元製罐廠發現了市面上出現偽造鐵皮雞玩具，迅速在報章上刊登一段偽劣產品啟事。

康元製罐廠啟事

本廠所製之各種兒童玩具五金門鎖罐頭食品均以飯碗商標為憑，記行銷以來深受各界之信仰與贊美乃刀前在廣東南寧出關卡檢獲仇貨玩具六種竟冒充本廠出品顯係仇商將之改頭換面希圖破壞國貨陣線殊覺痛恨當經本廠呈請廣西餉捐局偵查發現據該局來信稱已將檢獲之仇貨玩具六種焚燬並證明本廠出品確屬純正國貨惟恐各界慎會為此將該局來函刊佈以正視聽並盼各界密切留意諸希公鑒

迴轉汽車

50

康元製罐廠老闆項康原是一位非常懂得廣告營
銷的企業家，他不斷利用各種玩具廣告推銷康
元玩具。

康元製罐廠產品目錄

廣告宣傳的兒童包書紙

康元除生產鐵皮玩具外，也出品木製玩具：
1. 新式陸戰棋；2. 建築積木；3. 狗滾梯。

❷

康元製罐廠用以促銷廣告的廣告鏡，
一面是產品廣告，另一面是鏡子。

❸

民國時期各種流行的木製玩具：1. 拼圖；2. 拖拉木鴨子；3. 跳棋；4. 算術盤；5. 遊歷全國遊戲玩具。

（二）木製玩具

木製玩具不僅是過去民間傳統玩具，也是近代玩具類別中的一大門類，歷史源遠流長。早在宋、元時期，已有魯班鎖、七巧板、木陀螺等木製玩具的出現。到了近代，商務印書館提出以「扶助教育為己任」，再結合西方教育理論，設計出國產第一代的教育木製玩具。接着又有 1927 年陳杏初創辦的中國棋子玩具廠和 1932 年徐文傑、張協明合夥創辦的中國工藝社生產積木、六面畫、棋類等玩具。1935 年，由周學湖創辦的上海衛生工業社，以「地球牌」為商標，研製出箱盒式和手提式木製小鋼琴。1937 年 8 月 13 日，上海遭受日軍大規模進攻，中國棋子玩具廠、中國工藝社和上海衛生工業社相繼被日軍炸毀。及後 8 月 13 日「上海事變」激起了民眾抵制日貨的浪潮，國產六面畫等木製玩具的銷量非常好，因此三家被毀的玩具廠決定再次重振旗鼓，並且恢復生產。

可能由於木製玩具的製作工藝和流程比鐵皮玩具簡單，也可能開設木製玩具廠的投入資金不大，也可能是其他客觀原因，相比之下，木製玩具廠於三十年代的發展速度遠比鐵皮玩具廠快速和興旺。除了上述幾家木製玩具廠外，還有民眾工業合作社生產幼教玩具、新藝玩

民國時期各種流行的積木和棋類玩具

木製玩具車是民國時期兒童喜愛的玩具之一

具廠生產串珠類木玩具、上海現代工藝社、上海兒童教育玩具廠、上
海華森工藝社和上海新業玩具社生產積木玩具、上海玩具廠生產積木
和拖拉坦克玩具、上海中興工業社生產木鴨子拖拉玩具和上海金門木
工廠生產米老鼠拖拉玩具等。

（三）娃娃

娃娃可稱洋囝囝，也可稱人偶、玩偶（Dolls），在西方是兒童成長過程中不可缺少的教育工具之一。「人智學教育」（Anthroposophy Education）的創始者魯道夫・斯坦納（Rudolf Steiner, 1861-1925）就曾提出：「玩具娃娃是孩子最棒的玩具，沒有一樣東西像一塊布做成的娃娃般帶給孩子這麼大的想像空間。」但在過去，人偶卻曾被用作護身符和殉葬品。法國海員就以小型人偶用作項鏈墜掛在胸前作為護身符，祈求航海途中平安無事；古埃及人以木雕人偶作葬品；印第安人則把木雕偶像作為祭祀祖先之物。

在中國過去幾千年的人偶發展史中，除了以泥、木、陶土製成的殉葬品外，還出現過許多優秀的作品，如唐代彩塑泥俑、宋代的「磨喝樂」和白胎彩繪童子、明清時期的絹人、惠山泥人「大小阿福」、食玩如江米人、吹糖人和江西人面娃娃等，但一般來說，此類玩意較適宜用作擺設或玩賞之物。

根據歷史記載，歐洲在中世紀時的玩偶設計題材，大多具有濃厚的宗教色彩。十四世紀末，玩偶成為了文化娛樂及上流社會女性誇耀

Goelt nytt är tillönshas af några bekanta Tag mot den lille nu komm hans

清末至民國時期的各類兒童服飾

之物。由於需求不斷增加，到了十六世紀，德國紐倫堡（Nuremberg）已變成歐洲的玩偶生產中心。經過不斷求新和求變，歐洲到了十八世紀時已是玩偶工業最興盛的時期。這時，歐洲各玩偶製作工廠規模愈做愈大，如 Kestner、Armand Marseille、Simon & Halbig 等。在設計上，不僅有走路、哭泣、眨眼等基本動作，還會吹肥皂泡、騎自行車。材料上的運用除了木製、瓷製（Bisque）外，還有蠟製（Wax）、木屑混膠（Papier-Masche 和 Composition）等。而此時的中國雖然是最鼎盛的清代乾隆盛世，但民間玩具藝人仍然在生產過去幾百年前遺留下來的傳統玩具。

民國上海著名童星陳娟娟與洋娃娃

　　在傳統的娃娃造型設計上，中國的民間玩具藝人一般都以觀賞性、藝術性和季節性為導向。反觀西方的玩偶從十九世紀開始，就已從觀賞性和炫耀性步入了一個以兒童為定位的新方向。因此，當洋人到達我們這個被他們以船堅炮利打開的大國時，都誤以為中國兒童沒有玩具娃娃。伊薩克・泰勒・何德蘭（Isaac Taylor Headland）在他的著作 *The Chinese Boy and Girl* 中就曾有這麼一段記載：

　　　　我對辛先生說：「外國人常說中國沒有玩具娃娃，是嗎？」「不，有的是。」他總是這樣說。第二天傍晚，辛先生帶來了一大袋布娃娃。有的大，有的小。鼻子一律是縫上去的，耳朵是黏上去的。它們製作粗糙，但小孩子們很感興趣。

　　一直以來，西方藝術着重寫實，而東方藝術卻着重寫意。因此西方玩具在設計上像真度較高，而反觀中國的民間玩具，設計上都比較藝術與抽象化。所以當西方的娃娃與玩具製造技術在清末傳入中國後，民間娃娃的傳統造型和工藝也開始起了根本的變化，第一代洋為中用的上海製「寫實型」中國娃娃也在這時候出現了。

　　這批「寫實型」的中國娃娃是由清末創立的教會慈善機構「濟良所」所生產的。1843 年，中西文化交匯的上海開放後，娼妓日漸盛行。與此同時，西方傳教士在清政府禁止洋人傳教後的一百二十餘年後又再次回到中國傳播福音。傳教士眼見部分妓女或因家庭問題、或

洋娃娃是西方兒童成長過程中不可缺少的教育工具之一，而中國近代娃娃的製作始於西方傳教士創辦的「濟良所」。當時的傳教士眼見部分妓女因家庭問題，或因受逼害而賣身青樓，因此設立一家慈善機構，專門幫助和收容這些無助婦女，並教導她們刺繡、挑花和製作娃娃。

因受逼害而賣身青樓，因此希望能夠設立一間慈善機構，專門幫助和收容這些無依無助的妓女。1897 年（光緒二十三年）10 月，華德路聖公會（American Church Mission）牧師吳虹玉借出住宅給從美國到中國傳道的包慈貞女士，創辦了「濟良所」（Door of Hope），一間專門收容落魄迷路女子的避難所。1901 年，五位分別為聖公會教徒、長老會教徒、衛理公會教徒、浸理會教徒及一名漢族女教徒成立了「濟良所管監會」（Door of Hope Committee of Management and Committee of Supervision），進一步得到更多社會及各界人士的大力支持。其後，更設分所於四馬路（福州路），並於江灣開辦「愛育學校」，救濟更多無依的年幼女童。這些無助的婦女在「濟良所」的工業部（Industrial Home）學習刺繡、挑花和製作娃娃（Door of Hope Dolls）。

這批娃娃從清末時期一直生產到解放前，每套娃娃共有二十多款，以不同身份和年齡的人物所組成，包括警察、公公、婆婆、護士、滿族婦女、幼稚園學生、嬰孩、小男孩、小女孩、農夫、和尚、新郎和新娘等。售價從清末時期美金 0.75 至 5 元，到抗戰時期，因絲綢漲價，售價亦漲至美金 4 元多至 9 元多不等。

由於娃娃出售後所得到的資金，是教會組織其中部分的收入來源，因此民國時期多個地方城鎮如保定、長沙、廣東、河北、紹興等

濟良所娃娃的出口產品目錄，印有各款娃娃的尺寸與零售價。

1931 年濟良所年終報告書

「新娘」和「新郎」是濟良所當年兩款銷量非常好的娃娃

清末時期製作的濟良所娃娃

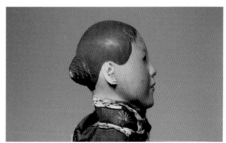

濟良所生產的寫實型娃娃，以梨木和布製成。產品除了新郎、新娘、清代男子外，還有男學生、女學生、小男孩、小女孩和幼童等二十多款。

主要出售給旅居上海洋人的 Ada Lum Doll

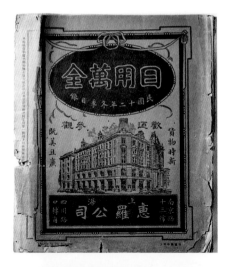

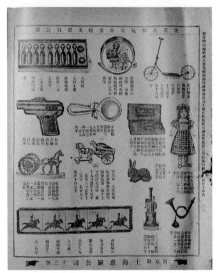

1923 年惠羅公司的冬季產品目錄。從目錄內的多種進口玩具產品中，反映西方洋娃娃很早已進入上海市場。當時一隻 12 吋高洋娃娃，售價為 2 元 7 角半大洋。

地的教會組織，也開始製造並出售中國教會娃娃（Mission Doll）以籌募經費。

　　隨着西方文化在民初時期不斷湧入上海這個東方大都會，各大型百貨公司如惠羅公司、先施公司等都先後開始售賣西方出品的洋娃娃（當時一隻 12 吋高的洋娃娃，在 1923 年〔民國十二年〕的惠羅公司產品目錄上為大洋 2.75 元）。進入二十年代，上海兒童對洋娃娃的需求漸增，華商如商務印書館、愛國玩具廠開始生產洋娃娃供應市場；上海大中華賽璐珞廠則生產賽璐珞娃娃；而 Ada Lum（1907-1988）設計的布製 Ada Lum Doll，則在她南京路的古董店內出售給旅居上海的洋人。到了 1937 年（民國二十六年），又有沈士康、蔡翠寶夫婦創設的三達兄弟工業社生產 Composition 娃娃投放到市場去。接着還有婦女工業社、康樂玩具工業社、亞開工業社、寶寶工業社等多間工廠先後成立並生產娃娃供應市場，月產量為 2,000 打左右。

上海天工金屬製造廠出品的
小孩騎車玩具，小孩頭部是
賽璐珞，輪子是鐵皮。

上海大中華賽璐珞工廠出品之微
型娃娃，長約 6 公分。

上海大中華賽璐珞工廠之玩具廣告

賽璐珞娃娃是民國時期女孩喜愛的玩具

（四）賽璐珞玩具

「賽璐珞」為英文 Celluloid 的譯音，即硝化纖維塑料，是塑料的一種。1846 年由瑞士巴塞大學（Basel University）一位物理和化學教授克里斯蒂安・弗里德里希・施伯恩（Christian Friedrich Schönbein）發現。到了十九世紀七十年代，美、英兩國已開始懂得用賽璐珞生產假象牙和台球。明治中期，賽璐珞開始傳入日本。1911 年，留日學生姜俊彥從日本帶回賽璐珞模具，並創辦了中國上海第一家賽璐珞玩具工廠——大中華工廠，生產象頭牌和進步牌玩具，還有乒乓球、煙匣、皂盒等。

賽璐珞的生產工藝並不複雜，設備也相對簡單。擠壓法（Pressed Ball Molding）是其中一種工藝，如生產乒乓球、搖鈴等低廉賽璐珞玩具；還有吹塑法（Blow Molding），如生產娃娃等高級賽璐珞玩具。由於生產成本低廉，再加上產品可塑性高，賽璐珞工業短短數年間的成長非常迅速。著名兒童教育家陳鶴琴先生就曾在於 1925 年出版的《兒童心理之研究》中提出賽璐珞玩具是好玩具：

賽璐珞鉛筆削

大中華賽璐珞廠出品的獅與象玩具。每件大中華玩具上，除了象頭牌商標外，還有「完全國貨」的標記。

大中華賽璐珞廠除了生產玩具外，也生產粉盒、肥皂盒和牙刷盒等。

民國時期的許多月份牌廣告中，出現小孩與賽璐珞娃娃畫面的次數頗多，反映賽璐珞娃娃在當時受歡迎的程度。

上海大中華賽璐珞製造廠

出品種類

乒乓球　固固兒　響器　玩具
煙匣　皂盒　什具　鏡子

象頭商標

國人製造
國人資本

奉部核准國內免
重徵國外免全稅

俊生

事務所　上海江西路吉慶里三號
電話　一〇四〇一

進步商標　第一廠　大中華賽璐珞廠小沙渡路

第二廠　上海賽璐珞廠南市魯班路

上海大中華賽璐珞製造廠廣告，上面印有賽璐珞小玩意。

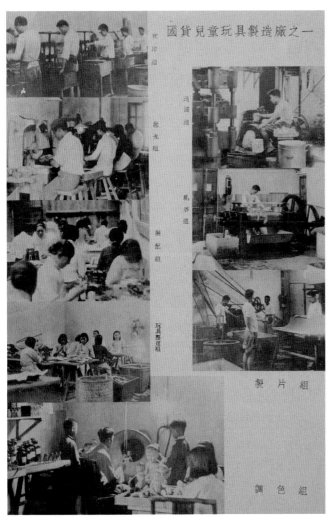

賽璐珞玩具製作工藝

大中華與中興賽璐珞廠的產品廣告

（一）玩具優劣的標準：

（1）優等的玩具……

    6. 不但能洗濯而顏色不褪，形狀也不醜陋，足以發
        抒兒童美感的。如賽璐珞所做的各種小孩、雞、
        馬等。

資料顯示，到了二、三十年代，生產賽璐珞產品的廠家已近十家，
計有：大中國賽璐珞製品廠、中興賽璐珞廠、永秀齋賽璐珞製品廠、
永勝賽璐珞廠、美華化學工業製造廠、義康賽璐珞廠和寰球協記賽璐
珞廠等。再加上市場上其他玩具廠也兼做賽璐珞玩具，如上海天工金
屬製造廠生產的鐵皮賽璐珞結合玩具，和上海康元製罐廠出品的賽璐
珞機動爬娃。可以說，賽璐珞玩具的未來發展勢頭非常興旺。

又根據 1935 年（民國二十四年）10 月 10 日出版的《華洋月報》刊
載，僅「大中華賽璐珞廠」和「中興賽璐珞廠」所生產的賽璐珞玩具，
就不下四大類 120 多種，計有：「大中華」出品的 7 種不同尺寸的象
頭牌洋囡囡、9 種不同尺寸的進步牌甲種洋囡囡、10 種不同型號的
進步牌搖鈴、40 餘種象頭牌玩具如飛機師保險傘、雙童搖籃車、雙
禽戲水球、中山艦等及「中興廠」出品的 50 餘種產品如八吋活動海軍
人、滑稽小寶寶、六吋活動少年足球員、六吋活動猴面籃球員、六吋
聖誕老人、六吋活動滑稽巡捕、六吋活動外國警察，還有活動野熊、
活動大象等，價錢從每籮 3 元至每打 38.4 元不等。

但由於賽璐珞原料如硝化棉、樟腦等的易燃性，賽璐珞工廠屢遭
火災而相繼倒閉，致最終未能發展起來。

大中華賽璐珞廠出品的各款賽璐珞動物玩具

民國時期的各種布娃娃

民國時期中國保定府製造的 Mr. and Mrs. Ma Family 娃娃

（五）布玩具

布製玩具主要分為布動物和布娃娃，與中國的紡織、刺繡的歷史一樣久遠。和木玩具一樣，同屬中國民間的傳統工藝美術品，在中國的玩具史上佔據了非常重要的位置。在各種布動物玩具世界裏，品種最多、流傳最廣和最有代表性的，首推布老虎。但隨着近代工業的發展和洋玩具的輸入，發展緩慢的傳統布玩具也和其他民間玩具一樣，面臨了衝擊和相同的命運。

在過去布玩具大多數出自農村婦女之手，所以往往帶着當地的民俗文化與民間色彩。而新一代的機製布動物在造型設計上則偏向高像

上世紀三十年代紹興強華女工廠出品的一套以家庭為組合的微型布娃娃，計有父親、母親、姊姊、
哥哥和弟弟，娃娃高約 6 至 7.6 公分。

除了以家庭為組合的微型布娃娃外，還有以婚禮為題材，一套六隻的微型布娃娃，計有新郎父親、新
郎母親、男方儐相、新郎、新娘和女方儐相。當時這些娃娃都是出口到國外，很受洋人歡迎。

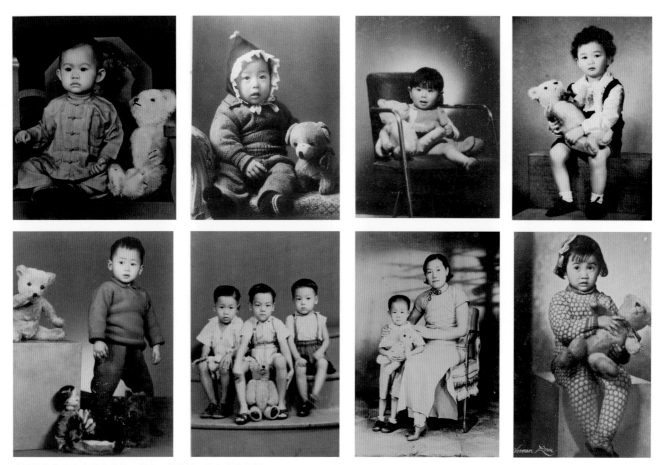

泰迪熊作為西方生活文化的一部分，很早就已進入上海市場。

民國時期河北 Wing Chang 公司生產的中國娃娃

真性的玩具，如布絨狗、泰迪熊等。而在布人物造型方面，在外國洋娃娃未輸入中國以前，市集上出售的都是造型簡陋、製作粗糙的中國布娃娃，它們的鼻子一律是縫上去的，耳朵則是黏上去的。而當新的玩具製造技術在清末傳入中國後，就出現了第一代由清末創立的教會慈善機構「濟良所」生產的「寫實型」中國娃娃。

二、三十年代也是布娃娃發展的年代，市場上不僅有永安等南京路四大百貨進口布製填充娃娃出售，也有國貨如浙江紹興強華女工廠生產的迷你布娃、保定教會組生產的保定布娃娃、河北 Wing Chang 公司的高級娃娃等。1937 年（民國二十六年），又有三達兄弟工業社、婦女工業社、康樂玩具工業社、亞開工業社、寶寶工業社等多間工廠，先後成立並生產布娃娃供應市場。

玩具是歷史的放映機，清末民初時期所製作的娃娃，如漢族婦女、滿族婦女、
福州婦女和警察等，都直接反映了當時老百姓的衣着服飾。

民國時期的國產童車

（六）童車盪馬

同文館出身的翻譯員張德彝於 1868 年（同治七年），在他所寫的
《歐美玩遊記》一書中，曾有過玩具童車的記載，這是近 150 年前出現
在中國有關西洋童車最早的記載：

> ……店右玩物鋪中所售各物，率皆奇巧。有木馬長三
> 尺，蹄安鐵輪，耳藏轉軸，幼童跨之，手轉其耳，機關自動，
> 即馳行不已，緩急如意，亦巧偶亡流亞也……。

據《中國近代對外貿易史資料》上記述，從十九世紀八十年代開
始，洋玩具輸入中國有一年比一年增加的趨勢。清朝兩江總督曾國藩

盪馬是民國時期兒童喜愛的大型玩具之一

72

幼女曾紀芬，就曾在自訂年譜中提到過，1887年（光緒七年）她的外甥曾廣錫在8歲時已擁有一輛進口西洋三輪腳踏車。

　　而近代玩具童車盪馬工業的發展，是以仿製玩具開始。二十年代初，先有上海四大百貨之永安、先施等公司自設工場，從香港地區購進英國進口玩具盪馬和童車進行仿製。再有1924年，民國焦衡康鋼鐵玩具廠生產扁鐵三輪童車。1925年，原先施公司工場加工木部件的焦德才，創辦了恆康玩具廠，也開始生產玩具盪馬。接着有1927年創辦的義興昌兒童車廠專職生產童車。到了三十年代，盪馬工廠發展迅速，而童車廠也能生產結構複雜、工藝要求高的鐵製三輪車、兒童自行車、鐵木結構的摺疊車等產品。

創立於民國二十年代的上海焦衡康玩具廠，是上海最早生產童車的廠商之一。圖為焦衡康玩具廠的學徒章。

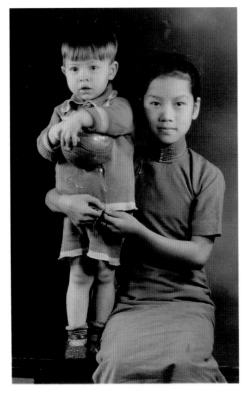

永和實業公司的「永字皮球」廣告

大新有限公司的廣告。從圖中反映出皮球是兒童喜愛的玩具之一。

（七）橡膠玩具

橡膠（Rubber）是取自橡膠樹等植物的膠乳，加工後可製成具有絕緣性、不透水、不透空氣，可逆變形的高彈性聚合物材料，是近代國民經濟重要基礎產業之一，由西方列強侵華時輸入中國。隨着民族橡膠工業在中國不斷發展，1923年江陰人葉鍾廷、葉翔廷兄弟在上海西寶興路民生路，創辦了永和實業股份無限公司。1928年，除了生產原有的「月裏嫦娥」牌牙粉等化妝品外，還增闢了橡膠工場，生產人力車胎、熱水袋、「永字牌」國貨小橡膠皮球等。其中小橡膠皮球的質量遠勝東洋貨，行銷全國，遠銷東南亞，深受兒童歡迎。

民國三十年代，美國卡通《格列佛小人國歷險記》在上海上映時的宣傳立體卡。

《方字》是民國時期非常流行的一種兒童識字遊戲，多家出版社如商務印書館、中華書局、上海新亞書店和大東書局都曾發行。圖為上海新亞書店於三十年代推出的《方字》。

（八）紙玩具

造紙術是中國古代四大發明之一，最早出現於西漢時期（公元前202年-公元8年），到了東漢（公元25年-220年）由宦官蔡倫改良造紙技術，使紙張一躍而成為重要的書寫、印刷、繪畫等材料或用來製作玩具如紙鳶、紙燈、風車等。

鴉片戰爭後，西方近代印刷術開始傳入中國。而隨着印刷技術不斷進步和改良，第一代的紙玩具 ——《學部審定五彩精圖方字》由上海商務印書館在清末光緒年間推出。由於反應良好，商務印書館於1911年（宣統三年）再推出《常識牌》、《軍人牌》、《植物牌》、《中國歷史牌》、《中國地理牌》、《世界地理牌》、《英文字母牌》、《英文會話牌》、《九九數牌》、《五彩國旗牌》、《動物牌》等24種國民紙類遊戲玩具。

到了民國時期，兒童紙類玩具更為多樣化，香煙牌子是其中一種。香煙牌子又叫「捲煙畫片」、「香煙畫片」。北京人叫「洋畫兒」，

《大獨裁者》是差利‧卓別靈第一部有聲電影，於四十年代進入上海電影院。圖為中凡活動卡通影藝公司用差利在電影內的形象推出的《大獨裁者》卡通影戲活動紙玩具。

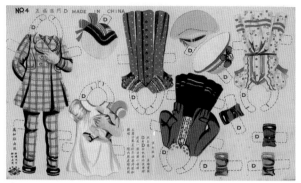

民國二、三十年代，上海貝貝公司出品的《活動小影片》紙玩具。

民國時期上海萬如社出品的「脫衣換衣」紙玩意

帶有「新生活運動」內容的香煙牌子

廣東人叫「公仔紙」。香煙牌子是各煙草公司為了推銷其產品而附贈於煙盒內的小畫片。由於小畫片印刷精美、色彩艷麗、圖案吸引，因此不僅吸引了很多煙客，也吸引了許多上海的年輕女士。

洋畫片除了隨煙附送，也有大聯張，必須剪成小張才能玩。拍洋畫一般以兩、三人為宜，場地一般在弄堂（上海）或胡同（北京）裏的空地上或台階上，磚石地面必需平滑。玩法是每個小孩出 10 張或 20 張洋畫不等，洋畫面稍微彎曲朝下擺好，接着猜拳定誰先後，用力向地拍，看誰的卡翻轉過來的次數多，誰就是贏家。

商務印書館創始人之一張元濟的獨子張樹年，在他的著作《我的父親張元濟》中，就有一段關於香煙牌子的回憶，道出了當年香煙牌子對小孩的吸引力：

各種民國時期的紙玩意：1.活動書；2.勞作紙玩具；3.洋畫片；4.桌上遊戲。

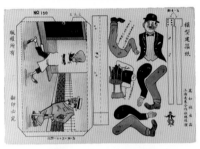
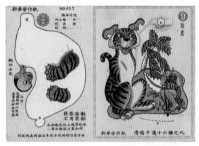

　　我和姊姊忙着收拾玩具，裝入小木箱。記得其中有幾匣香煙牌子，一套「三百六十行」尤為名貴。印的全是各種小商小販的人物圖像，有賣糖粥的，有賣餛飩的，等等。一套京劇《三國演義》人物也是相當難得的。這些香煙牌子是李媽媽（張樹年娒姆）帶我去長吉里附近小煙紙店陸續買得積累起來的。

　　除了香煙牌子外，市場上可供小孩挑選的紙玩具還有紙面具、立體玩具書、紙工玩具（勞作玩具）、活動畫、活動電影、桌遊和轉印畫（水印貼紙）等。

自米老鼠於上世紀三十年代進入上海後，這隻頭頂兩隻大耳朵的小老鼠就瘋靡了萬千中國兒童，不斷以代言人的身份在不一樣的商品上出現：1. 備忘錄；2. 橡膠廠廣告；3. 電影宣傳單；4. 食品廣告；5-6. 糖果包裝盒。

玩具時代

　　民國上海工商業的蓬勃發展和對兒童教育的重視，推動了當時整個玩具工業的前進。可以説，三十年代是中國玩具工業的第一個黃金時期。除了上述以材質來分的各式玩具外，還有各種專題商品化的玩具，如迪士尼類玩具、廣告促銷類玩具等，足以説明當時在上海灘的各種兒童商品的競爭非常激烈。由於當時的歷史原因，中國早期的民族工業都集中在上海，所以許多玩具廠大部分在上海創辦。而小部分則分佈在北京、天津和偽滿洲國等地。

（一）迪士尼玩具

　　當第一部迪士尼（Walt Disney）的米老鼠電影於 1928 年在美國荷李活的電影院上映後，這隻小老鼠就迅速擄獲了萬千美國和歐洲兒童的心，同時也受到全上海小朋友的熱烈歡迎。

上海光輝工業社出品的米老鼠十二色蠟筆

上海金門木工廠出品的木製米老鼠拖拉玩具

各款印上米老鼠圖案的搪瓷盤

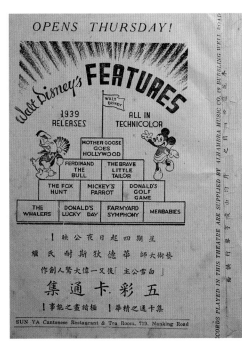

米老鼠卡通電影宣傳單

《米老鼠救火車》兒童故事讀物

民國《上海生活》雜誌封面

美國的兒童與卡通文化在三十年代不斷通過電影院、報章,甚至玩具、書刊等登陸上海和北京等城市。其中有 1932 年 1 月,《良友》畫報用了一整版圖片來介紹米老鼠。還有《大陸報》(The China Press) 在 1936 年的聖誕前夕,特別介紹了華特迪士尼先生和他創造的卡通人物米老鼠、唐老鴨等。1937 年,《知識畫報》介紹了米老鼠動畫的幕後配音工作。再加上《申報》、《新民晚報》、《文匯報》、《回力球周刊》、《字林西報》、《電聲》等的報導,還有商品廣告如買李施德林 (Listerine) 牙膏一管送米老鼠面具一隻等,都讓上海市民與小孩加深了對迪士尼卡通人物的認識。米老鼠成功進入中國發展,也帶動了後來其他迪士尼人物和其他電影公司的卡通和兒童人物,如唐老鴨、白雪公主、木偶奇遇記、貓和老鼠 (Tom & Jerry),Little Orphan Anne 和秀蘭鄧波爾 (Shirley Temple) 等的發展。

三十年代開始,米老鼠成為了普世的象徵,吸引着所有人的目光。從大都會藝術博物館到德國、蘇聯、日本、上海,以米老鼠為首的各種迪士尼卡通人物不斷以代言人的身份,出現在各式的東西方商

白雪公主熱水瓶

鐵皮小沙灘桶

兒童房間牆頭掛飾、兒童讀物、書籤。

七個小矮人之一的「噴嚏」木
製拖拉玩具

白雪公主太妃糖包裝盒

品上，如德國的 Lionel Toys、Tipp & Co.、美國的 Fisher Price、上海
的康元製罐廠和上海金門木工廠等。

　　1937 年 12 月 21 日，迪士尼第一部動畫長片《白雪公主與七個小
矮人》(Snow White and Seven Dwarfs) 在荷李活上映，獲得巨大的成
功。接着在半年後的 1938 年 6 月 2 日，也在上海的南京與大上海電
影院同時上映，創造了七百多萬的空前票房記錄。「白雪公主」立即
成為大上海許多商品的代言人，不僅食品包裝紙、糖果罐、遊戲棋、
熱水壺、文具、幼兒牀、玩具、面具、香粉，甚至某香煙牌子也以「白
雪公主」為品牌名稱，可說是應有盡有。「白雪公主」熱潮持續升溫，
聖誕前夕的 12 月 10 日，南京路上的先施公司推出《白雪公主》卡通

白雪公主手帕包裝盒

各種白雪公主主題的電影宣傳冊、兒童讀物、水彩畫冊、食物包裝袋、白雪公主戰棋、拾球遊戲、廣告和勞作紙玩具等。

形象營銷，為商場增加客流量。在三樓兒童部特闢一處地方作為「兒童世界」，佈置了《白雪公主與七個小矮人》的場景，同時四周的貨架上還擺滿了大大小小的各式玩具。永安公司也順勢推出《白雪公主與七個小矮人》的面具，得到了市場的熱烈反響，深受上海兒童歡迎。

白雪公主和七個小矮人紙面具

白雪公主系列搪瓷盤

各種木偶奇遇記主題的電影宣傳冊、宣傳單、兒童讀物、書籤、六面畫、鐵皮兒童小茶具和勞作紙玩具等。

　　1940 年 2 月 7 日，迪士尼在美國推出了第二部長篇動畫《木偶奇遇記》（*The Adventure of Pinocchio*）。同年 4 月 25 日，也在上海的南京與大上海電影院同時上映，取得了比《白雪公主與七個小矮人》更大的迴響。如同《白雪公主》一樣，《木偶奇遇記》的成功，令衍生產品隨着出現。除了上海康元製罐廠外，上海萬如社、上海中國工藝社、上海徐進畫室、美女牌太妃糖等相繼推出《木偶奇遇記》相關的玩具與產品。

各種唐老鴨主題的電影宣傳單、兒童讀物和玩具等。

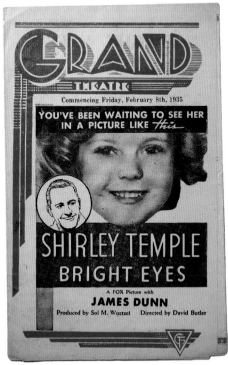

秀蘭鄧波爾電影宣傳品

民國時期美國的卡通文化
不斷湧入上海

90

民國時期上海有許多著名的食品企業，如冠生園食品公司、馬寶山糖果餅乾公司、泰康罐頭食品公司、三星糖果餅乾廠和沙利文糖果餅乾公司等七十餘家。圖為創建於1915年的冠生園於上世紀二十年代推出的兒童玩具糖果。

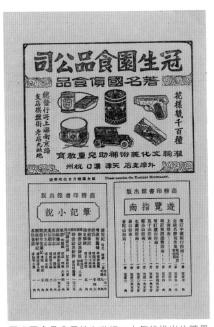

冠生園食品公司於上世紀二十年代推出的糖果廣告

（二）廣告促銷類玩具

　　上海作為遠東國際大都會，蓬勃的廣告對於上海灘的商業起了非常大的推動作用。據歷史資料記載，中國第一家廣告公司創辦於上世紀二十年代的上海。到了1935年，在上海的中外廣告公司已有百多間，可見當時的廣告業非常發達。過去中國的傳統商人均認為「酒香不怕巷子深」，因此絕少為商品打廣告。所以當中國門戶如上海等城市被迫開放，洋貨相繼湧入市場，對當地商家和商品造成了極大的衝

大陸模型建築社的玩具廣告

「雲飛汽車」是上海上世紀三十年代四大計程車公司之一。由美商 Ford Hire Services 於民國一十年代成立。「雲飛」寓意為「行駛時如在雲上飛行」。圖中的發條玩具車是雲飛汽車公司贈給長期客戶的廣告品，由上海勝利鐵工場生產。玩具車上的數字 30189 為雲飛汽車的傳召電話號碼。

泰康罐頭食品公司推出的兒童鐵皮鼓

中國社會一直鼓勵兒童自小培養儲蓄習慣，過去的儲蓄箱或罐都以泥土製作，直至馬口鐵普遍使用，才出現鐵皮儲蓄罐。圖為：1. 五洲藥房；2. 新華銀行；3. 大康銀行；4. 上海新華書局二、三十年代推出的廣告型兒童鐵皮儲蓄罐。

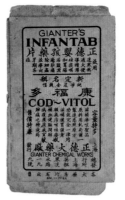

正德大藥房推出的廣告促銷紙玩具

擊，這時商家才如夢初醒。為了重新塑造形象、推銷產品，商家開始學習歐美商品做許多宣傳廣告，如最直接的報章雜誌廣告、車輛廣告、電車廣告或霓虹燈廣告等。而「兒童牌」作為一種商業吸金利器，使各商店商家如銀行、出租車公司、藥房、糖果餅乾公司和各玩具廠各出奇謀，推出各種能夠吸引兒童目光的玩具廣告商品和玩具廣告。

其中上海康元製罐廠的老闆項康原，可算是最懂營銷手段的商業高手。從 1935 年推出以「人人有飯吃」為設計概念的「飯碗加雙筷子」的產品商標，到以「凡我中國兒童，必有康元玩具」這樣的主題廣告營銷模式，使市場對上海康元製罐廠所生產的康元玩具產生了非常好的反應。用今天的話說，項康原是個會說故事的商人，所以康元玩具很快成為了三十年代全國最流行的兒童恩物。

（三）北京、天津等地的國貨玩具

（1）北京

北京城作為擁有 3,000 年歷史的五朝古都，聚集了悠久的文化傳統和豐富的民間藝術。清朝末年，愈來愈多貴族子弟淪為庶民，由於他們沒有甚麼獨特的謀生技能，因此大部分都進入了相對簡單的玩具行業，以製作民間小玩具謀生。因為這種歷史原因，使北京的民間玩具帶着濃厚的宮廷色彩。

鴉片戰爭打開了中國的大門，伴隨着帝國主義列強的進入和洋貨的湧入，使北京城的商業也如上海的傳統商業一樣，受到前所未有的衝擊。但清朝皇權統治被推翻後，大批過去的宗室大臣和落魄皇孫被迫滯留北京，再加上民國初年，軍閥、財閥、政客等相繼湧入北京，又使北京城的整個商業氛圍空前興旺。例如王府井大街的東安市場，在清末時僅僅是個簡陋的攤羣市場。民國後，攤羣擴大了，商品豐富了，而且還形成一個集娛樂、購物和飲食一體的綜合市場。當時在東安市場就有多處專門經營民間玩具的店舖，如「耍貨劉」、「耍貨白」等。

民國時期北平寶福祥玩具廠推出的電影玩具

　　除了東安市場，各城區又有定期的廟會如護國寺、隆福寺等銷售民間玩具。加上和平門外琉璃廠每年正月初一到初十，都會舉辦盛大的節令性貿易博覽會「廠甸」[4]。廠甸期間，北京城內及各地的玩具藝人會到來參與盛會，並推出各自的特色產品。

　　比起上海那種商業和洋氣的經商環境，北京城得天獨厚，為民間玩具創造了有利的生存條件和創作環境，促使許多民間玩具得以繼續發揚傳承。

　　可是，時代巨輪不停地往前推進，往日的傳統泥玩具題材為了適應時代，也有了更具時代氣息的新泥人創作。洋人、洋貨、洋玩意進入北京市場，也為北京玩具業帶來了新面貌。北京城內開始有了生產錫製玩具的小型玩具廠，生產一些傳統的民俗生活題材，如娶親、騎馬人、賣冰糖葫蘆小販等小玩具。錫製玩具源自歐洲十八世紀後半期，其中尤以德國紐倫堡生產的最為聞名。由於瓷器的出現，紐倫堡的錫製食器加工行業逐漸式微，工匠生活陷入困境，在迫不得已的情況下，轉向玩具領域發展。錫製玩具生產工藝簡單，只需將錫倒進模

4　「廠甸」原為明、清琉璃窰前一片空地。1917 年，原地建海王村公園。而過去每年的正月初一至初十，會舉辦盛大的貿易博覽會，期間附近設攤售貨，遊人參觀絡繹不絕，俗稱「逛廠甸」。

這組老北京「三百六十行」錫製玩具，反映了當時北京老百姓的生活，如賣冰糖葫蘆、趕馬車和騎驢等。

「北洋軍隊」題材的舊京泥玩具

具中鑄造，外層顏色再用人手繪上，之後再放進木盒中銷售。題材取自老百姓日常生活，也有動物、小丑、軍隊、騎士等。它們一般價格低廉，但質地輕脆，保存不易。

過去北京泥玩具中有一些產品的銷量非常好，如「娶親」、「三百六十行」和「北洋軍隊」等。「娶親」由數十個小泥人組成，其中送親隊伍中有抬燈，有吹奏的，有抬轎的，一應俱全。每個小泥人高吋半左右，造型簡約，畫上應有的服飾，按次序排好，非常壯觀。民國後，有玩具商人看準了時機，把銷路非常好的「娶親」泥玩具這種民間題材作品洋為中用，生產了錫製的「娶親」玩具。

除錫製玩具廠外，北京城也有生產鐵皮玩具的玩具廠，如以生產著名鐵皮電影玩具為主的寶福祥玩具廠等。十九世紀末，世界第一台

電影放映機誕生後不久，就傳入上海。1904年，在慈禧太后七十壽辰之際，英國派公使送了一部放映機和幾套影片給慈禧作為壽禮。此後，電影為中國老百姓帶來了全新的娛樂方式，也為玩具提供了新的創作題材。雖然比起上海的玩具工業，北京相對起步較晚，但可以說，北京城已開始有近代玩具工業的雛形。

（2）天津

隨着第二次鴉片戰爭，清政府簽訂了不平等的《天津條約》和《北京條約》，天津被迫開埠通商，西方列強各為自己的利益強行開設租界。1900年7月，八國聯軍攻陷天津，各國再次不同程度地擴張自己的地界。而天津被迫開埠後，對外貿易迅速發展。民國以後，雖初步形成了門類較多的輕工系統，但就天津整個城市的經濟發展而言，商貿要超過工業。而就中國近代工商業發展史上來說，天津的地位不遜上海。上世紀三十年代，天津更是中國第二大商業城市和北方最大的商貿中心。

天津人歷來重視過年，每當春節來臨之際，天津人可以不去逛勸業場、中原公司或其他大型商場，卻不能不光顧天后宮。天后宮在民國時期曾是天津最大的年貨市場，由宮內外兩部分組成。而民間玩具攤多在天后宮內。當中有木製的刀、槍、劍；紙漿製的面具；麵粉製的孫悟空、豬八戒、鐵扇公主等造型的麵粉人；還有鐵皮升線猴、猴爬梯子和氫氣球等小玩意。

除了天后宮，天津北門東面最大的商場——北海樓商場，也有「耍貨攤」出售各種小玩具如木寶劍、木槍、紙漿面具、布娃娃、布老虎、泥做兔兒爺、鐵皮鴨子、鐵皮小老鼠、鐵皮啄米小雞等。

在中國近代玩具發展史上，天津也和北京一樣，一方面緩慢的發展自己的現代玩具工業，如俗稱「火輪趙」的一種手製鐵皮小火輪船，和中國教育用品改進社出品的積鐵玩具等。而另一方面又同時保留了原有的傳統民間玩具文化，如著名的天津泥人張品牌。但大部分能在市場上買到的玩具還是以洋貨居多。根據1937年（民國二十六年）4月10日《教育雜誌》第二十七卷第四號上說：

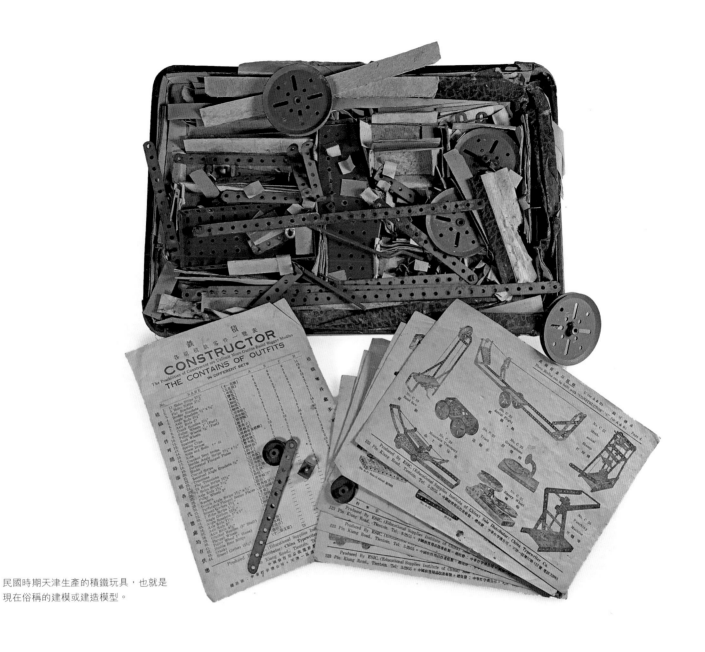

民國時期天津生產的積鐵玩具，也就是
現在俗稱的建模或建造模型。

外國兒童玩具的輸入，近年以來，為數極多。據天津海
關調查，民國二十五年一月至九月，外國玩具輸入華北，總
值五百萬元，若就全國而言，至少兩倍於此了。許多學校爾
來感到這種危機，利用勞作課，指導學生製造一些玩具。如
本頁所載安徽省盧州師範附屬小學自製的兒童玩具，成績確
是很好。

偽滿洲國時期日本生產的鐵皮玩具：1. 發條旋轉蹺蹺板；2. 發條
馬戲團小丑車；3. 發條輪船；4. 陀螺；5. 儲蓄罐；6. 雙翼飛機。

（四）偽滿洲國玩具

　　偽滿洲國玩具在這裏指的不一定是在偽滿洲國境內生產的玩具，
而是由於一段特殊歷史而產生的一個特殊時期，而在這特殊時間內，
能反映出偽滿洲國的歷史事件，如帶有偽滿洲國國旗或特徵下所生產
的玩具（不管是日本製或中國製）。

　　1931 年，「九·一八事變」後，中國東北進入了長達 14 年的淪陷
期。1932 年 3 月 1 日，偽滿成立，長春被定為偽滿洲國首都，並更名
為新京，開始鼓吹「日滿親善」，宣揚「民族協和，為日本殖民主義的
長治久安」進行着不斷的殖民主義思想教化和文化宣傳。而針對成人
最有效的思想和文化宣傳，首推電影。對於孩子，偽滿着重宣傳「日
滿共學」，培養幼童崇拜日本、對日親善、灌輸殖民統治思想，進而效
忠日本，而教科書和玩具無疑是奴化最有利的宣傳手段。

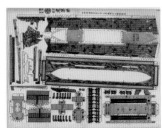

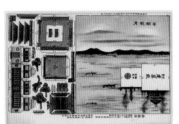

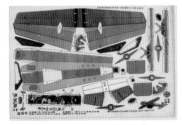

各種偽滿洲國時期國產紙玩具

偽滿洲國時期名信片，對中國兒童灌輸日滿親善。

日本著名藥物「龍角散」在偽滿洲國推出的廣告促銷立體書　　偽滿洲國時期的兒童讀物

日偽政府除了通過兒童讀物、明信片等宣傳品不斷向中國兒童灌輸和鼓吹日滿親善外，也不斷通過學校宣傳日滿共學，培養對日親善。

　　1905 年日俄戰爭以後，中日貿易往來開始擴大和頻繁。到了第一次世界大戰結束後，東洋貨對中國的輸入持續增加，僅玩具一項已達一百五十多萬元。上海《申報》在抗日戰爭爆發前夕，就刊登過一篇題為「玩具輸入　日佔第一位」的新聞：

　　　　今年一至四月，遊戲玩具輸入總數，共值二十一萬二千三百九十海關金[5]單位，折合國幣為四十八萬六千一百十五元，輸入國別幾為日本所獨佔，數值達十八萬

5　「海關金」是民國時期，國民政府海關用以計算稅收的金本位單位。由於 1929 年，世界金價飛漲，銀價暴跌，所以國民政府為了維持關稅收入，決定廢除用銀兩來徵收關稅，而改用金幣。

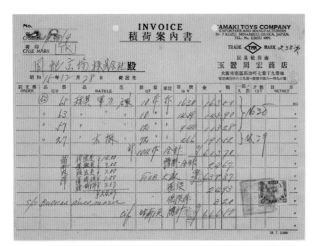

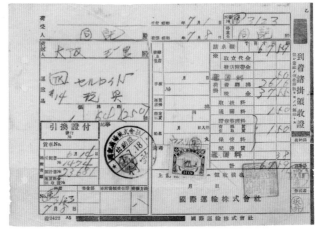

在滿州國的奉天，哈爾濱等城市有許多商店兼售日本玩具。其中如和豐貿易商店、同記商場等。圖中從同記商場向大阪的訂購單中，清楚看到當時同記商場進口了日本玩具軍刀和賽璐珞玩具。

六千一百四十四海關金單位，其他英美法德等國輸入，為數均屬零星。

　　而隨着偽滿洲國成立，意味着更多的貨品如玩具等不斷輸入華北。而且不僅通過日資渠道，還通過民族資本企業銷售。1939年，第二次世界大戰爆發，英國玩具和德國玩具幾乎已經不再輸入中國，而日本玩具在第二次世界大戰爆發後，重新回到中國市場，銷量僅次於國貨玩具，佔領了中國玩具市場的半壁江山。據資料顯示，創立於民國初年的哈爾濱同記商場，在偽滿時期就從日本大阪的玩具製造商玉置周宏商店（Tamaki Toys Company）進口了木製玩具軍刀和賽璐珞玩具。其他在哈爾濱的商店還有如松濱商店、和豐貿易商店和大德商店等，也銷售日本玩具。

一則用玩具來諷刺偽滿洲國皇帝溥儀的廣告

上海工廠開始內遷

　　根據 1935 年（民國二十四年）《上海市年鑑》〈工業篇〉記載，截止 1934 年（民國二十三年）底，上海從事玩具製造者只有 21 戶，其中使用電力者為 9 戶，手工製造者為 12 戶，從業人員總數 372 名，其中男工 234 名、女工 61 名和學徒 77 名。再根據三十年代天津海關調查，從 1936 年（民國二十五年）1 月起至 9 月底，外國玩具輸入華北的總值就達 500 萬元。若就全國而言，至少也要兩倍於此。故此，雖說三十年代是中國玩具工業的黃金時期，但無論是在技術上或產量上，根本無法與西方的玩具工業相比。隨着日本對中國的侵略加劇，中國於 1937 年掀起了八年抗戰的序幕。「七‧七事變」爆發後，包括上海康元製罐廠老闆項康原在內的各工商業界領袖，開始計劃把工廠往內地遷移。鑒於「一‧二八事變」中，上海工商業曾遭受沉重打擊，金錢損失達 6,000 餘萬，因此工廠內遷便成為上海工商界眼下非常重要的問題。

　　1937 年 8 月 11 日上海工廠遷移委員會最終擬訂了《遷移須知》，其中兩條是：（1）凡中國國民所投資之工廠，均可一律遷移；（2）遷移目的地為武昌。然而內遷計劃實行不到兩日，日本軍隊便於 8 月 13 日再次向上海大舉進攻。戰爭又再次給上海工商業帶來了另一次災難性的打擊，全市一千多家企業在此次戰爭中被毀於一旦。

　　康元總廠過去十多年的發展，亦在一夜之間化為烏有，估計損失共計 110 萬元。香港地區當時仍是大英帝國殖民地，工商業不受戰火影響，故此康元香港分廠在業務上仍持續上升。至年底結算，康元香港分廠的營業額更達 195.9 萬元。1938 年更擴充廠房並遷至筲箕灣新址。

　　1937 年 8 月底，康元製罐廠工作人員冒險用民船裝載部分未受戰火摧毀之機器、模具等，從蘇州河偷運至漢口。但戰事持續擴大，武漢面臨戰火威脅也日益增加，因此國民政府於同年 11 月決定遷都重慶，作為西南抗日大後方，而且也要求把已遷至武漢之工廠再次往內遷移。

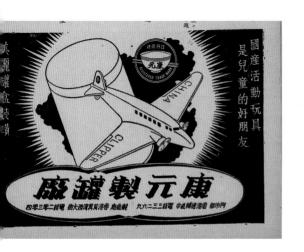

上海進入「孤島時期」

　　隨着國民政府決定遷都重慶後，國民黨軍隊全線退出上海，1937年11月，上海局部性淪陷，進入了中國近代史上所謂的「孤島時期」。由於當時日軍尚未向英、美宣戰，蘇州河南岸的公共租界和法租界尚在英、美、法的控制之下，因此上海租界內仍繼續享有某程度上的繁榮及歌舞昇平，而工商業也畸形地得到前所未有的蓬勃發展。

　　1938年初，上海康元製罐廠經董事會緊急開會討論後，決定把遷移物資分成兩部分：第一批由玩具部人員攜帶部分模具，沿着鐵路運往香港；第二批則攜帶工廠設備如車床、衝床、刨床等和金屬原材料和發條等，沿着長江運往重慶。但同時也必須加快恢復在上海廠的生產能力。在缺乏資金的情況下，廠方急向社會招股1,000萬元並立即着手尋找合適地點繼續生產。不久在曹家渡梅白克路（今新昌路）覓得一所石庫門房子，恢復了製罐和印刷業務，同年8月又在四川路覓得另一所房子，得以重新恢復玩具部的生產。

　　上海自日本發動「八・一三」侵華戰爭後，多種產品在市場上缺貨，而使價格大幅度上漲，因此有產階級均視上海租界為「聚寶盆」，挾着大量資金湧入租界開工廠、投資或投機，造成大量遊資聚集在上海租界。故此除部分工廠及企業因受戰火摧毀而關門外，其餘行業在1938年上半年開始已逐漸復甦，上海對外貿易額也逐漸回升。

　　繼廣州與武漢於同年10月相繼淪陷後，全國進出口中心又重新回到上海。各大百貨公司，尤其是南京路四大公司的營業額，比戰前有更大幅度的增長。而這一時期的上海玩具行業，也有多家工廠陸續成立。如1939年成立的上海新藝玩具公司和大興玩具廠。前者以生產木質玩具為主，產品有模範積木、交通積木、構造積木、軍事六面畫、新兒童六面畫、彩色方木、鬥獸棋、足球棋、象棋等；後者則生產大小汽槍玩具。還有1940年成立的好友五金玩具廠、胡源盛五金玩具廠及1941年成立的合興五金文具工業社等。

　　再加上一些專門生產兒童紙類模型的出版公司，如世界模型建築社、萬如社、實學通藝社、建設出版社、東方模型紙公司、P. T. Lou

Publisher、世界工藝社等。而康元製罐廠也恢復以往的發展勢頭，生產人員回復至三、四百人。

1939 年第二次世界大戰爆發，西洋玩具輸入中國及東南亞的數量開始遽減，這反而刺激了上海租界內的玩具工業訂貨激增。由於營業額又開始上升，康元製罐廠董事會決定再次擴展廠房，經介紹後租下了福昌煙廠第二廠房，廠址位於武定路 956 號。可惜戰事不斷變化，再次影響到社會對玩具的需求。1940 年 7 月以後，康元製罐廠訂貨銳減，生產額下降，至太平洋戰爭爆發前夕，康元總廠更面對商品滯銷及資金周轉問題。為了刺激銷售，廠方仍然在多份雜誌上刊登「康元活動玩具」廣告，而香港分廠營業額則相反地仍有增長。

太平洋戰爭爆發後，上海玩具工業受到沉重的打擊，多間玩具廠因經營日漸困難而相繼倒閉。而康元製罐廠的生意量更是每況愈下，為了縮緊開支，由印刷部開始裁減工人，玩具亦逐漸減產，至此上海的玩具工業已奄奄一息。

概括而論，上海的玩具工業發展，在太平洋戰爭爆發前夕，一直都呈現上升的趨勢。雖然因中日戰爭而使玩具工業一度停頓，但玩具作為一種古老的文化產業和兒童的恩物，畢竟是兒童生命中一個重要的組成部分，故此上海的玩具工業在抗戰勝利後，很快又再度活躍起來。

可惜抗戰的勝利，卻帶來了美貨氾濫，惡性通貨膨脹，物價飛升，玩具價格非常昂貴，小康之家根本無力購買，因此使一度發展起來的玩具工業，再次面臨破壞的噩運，玩具工廠再度被迫倒閉。一直到解放後，上海的玩具工業才得以重新蓬勃發展。

永和玩具號店舖一角

第四章

上海玩具工業之劫難

（1942-1949）

各款造型的鐵皮國軍飛機玩具

具有戰爭意味的《小朋友》兒童讀物

抗戰對中國玩具發展的影響

　　1941 年 12 月 8 日，日本偷襲珍珠港而挑起了太平洋戰爭。當時日軍開始進駐租界，上海全面淪陷。隨着「孤島時期」的結束，馬口鐵等金屬被列為重要物資並實行統制，馬口鐵的價格也接着飛速上漲，導致不少製罐工廠與金屬玩具工廠無法生產而被迫停工。

　　在《重要物資申報佈告》下，康元總廠在 1942 年 2 月被日本海軍搜去 935 箱馬口鐵皮，而香港分廠也被搜去 3,500 箱。8 月日本又通過偽上海市社會局訂立了《金屬回收實施要領》，在馬口鐵原料的嚴重缺貨下，康元廠的生產唯有時做時停，至該年的下半年開始逐漸停工。

兒童鐵皮鼓（由上海愛國玩具廠出品）和帶有中日戰爭題材的鐵皮罐（由上海鐵華玩具廠出品）

康元製罐廠在抗戰時期，推出以「良心救國」為宣傳主題的兩則玩具廣告。

蔣介石與宋美齡

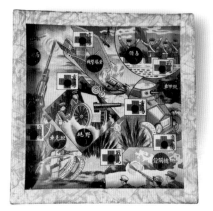

抗戰時期出品的軍事遊戲

帶中日戰爭題材的鐵皮盒

反映中日戰爭題材的洋畫片

不同工廠製作的不同尺寸蔣介石娃娃人偶：
1. 約 70 公分高；
2. 約 19 公分高；
3. 約 60 公分高；
4. 約 22 公分高。

（上海）吳淞路（日本人街）
Usonro street, (Shanghai)

上海虹口區吳淞路上的一家玩具店

中日戰爭時期推出的各種軍事題材紙工玩具，藉以鼓勵和培養兒童尚武精神，抵抗外侮。

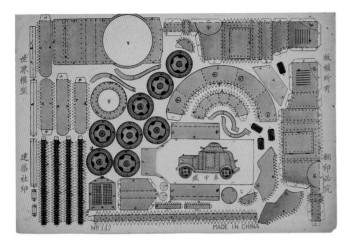

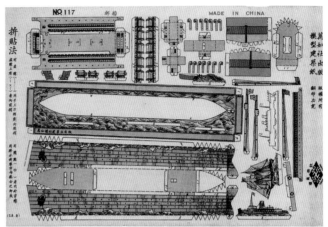

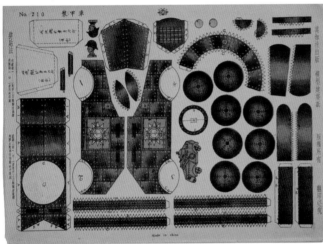

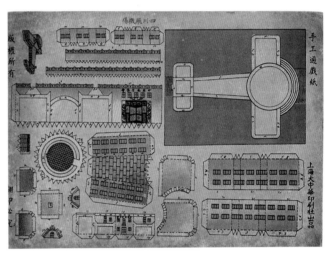

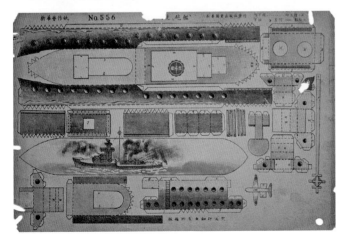

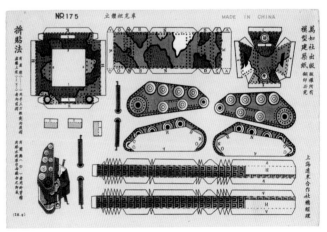

據史料記載，日本「雙陸」是唐朝時傳入的，是近代日本兒童喜愛的遊戲之一。圖中《支那事變雙陸》遊戲為中日戰爭時期的產物，設計者通過遊戲對日本兒童宣揚日本軍隊自以為的勝利戰果。

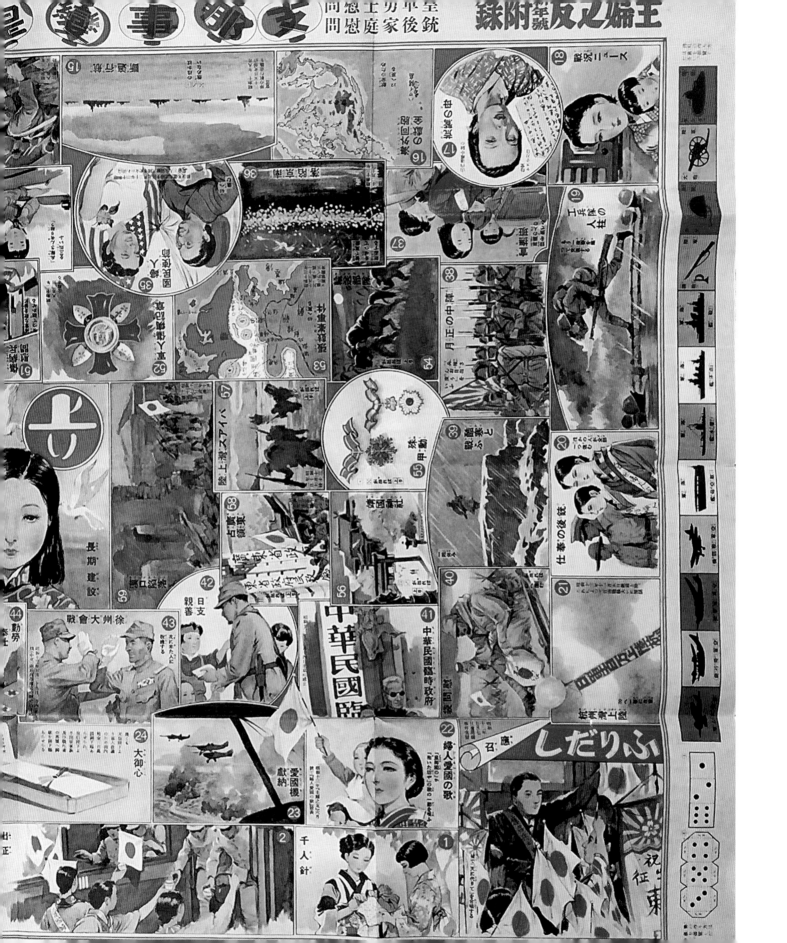

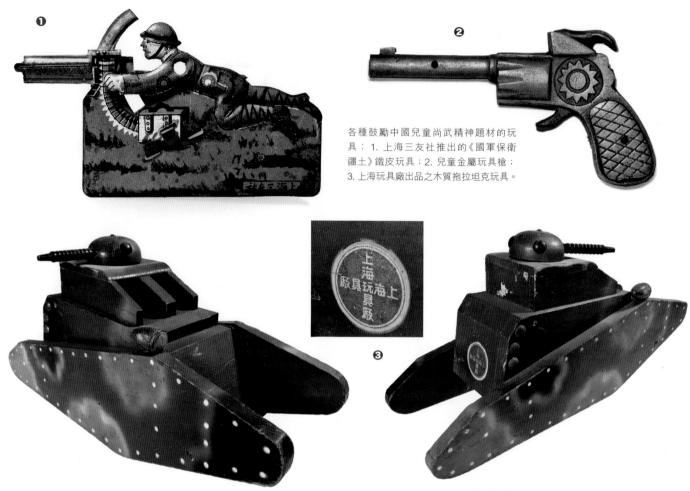

各種鼓勵中國兒童尚武精神題材的玩具：1. 上海三友社推出的《國軍保衛疆土》鐵皮玩具；2. 兒童金屬玩具槍；3. 上海玩具廠出品之木質拖拉坦克玩具。

　　1942 年 3 月 27 日，上海日本陸海軍最高指揮官發佈，凡使用、製造、販賣 18 類物資者，均受統制，而木材作為第八類也在重要戰略物資之列。因而以生產木製玩具為主的中國工藝社及新藝玩具廠等，亦遭遇到如康元製罐廠相同的命運。總的來說，由於物資受到無理的統制與掠奪，生產資源極度缺乏，再加上供電量不斷削減，上海玩具工業在太平洋戰爭爆發後所遭受的嚴重破壞不言而喻。抗戰勝利前夕，幾乎大部分在戰前創立的玩具廠多已迫於無奈宣告停業，直至抗戰勝利後才陸續恢復生產。

民國三十年代《美術生活》雜誌之「兒童專號」，封面可看到當時各種流行的兒童軍事玩具，如坦克、大炮和機槍等。

鐵木結合的國軍吉普車玩具

抗戰勝利紀念的兒童金屬玩具槍

抗戰勝利後兒童書局出版的兒童讀物

抗戰勝利後之中國玩具工業

抗戰勝利後，美國隨之開始對中國宣揚「大美國文化」，各式各樣的美國貨如香煙、水果、冰箱、牙刷、牙膏、糖果、奶粉、電影、雜誌等亦開始不斷輸入上海，對市場造成極大的衝擊。

原上海公私合營大華玩具實驗工廠的私方經理葉炳祥在 1956 年的回憶裏說：

> 抗日戰爭一勝利，美國方面就運來了一架吉普車，放在上海國際飯店作展覽，而大華玩具廠所生產的第一輛吉普車玩具，也是我跑到國際飯店門口去參考實物，然後把圖案交到製作部把玩具製作出來。當時許多的玩具商店，都在售賣各式各樣的小吉普車，有木頭做的，也有鐵皮做的，有些甚至漆着美國國旗。

鐵皮發條國軍吉普車玩具

玩具吉普車的發條結構

　　由於抗戰結束後，大多數的行業未能立即從淪陷後恢復正常的投入，因此就客觀而言，美國貨的對華輸入，無疑可以彌補甚至暫時解決戰後上海人民的一部分基本生活需要問題。可惜因國民政府錯用「低外匯」政策，導致美國貨找到非常有利的出口點，而源源不絕地將戰後剩餘物資一下子投入上海市場。由於美國商品價格非常便宜，國產品根本無法與之競爭，在缺乏銷路下，導致工廠不斷倒閉，為勝利後還未恢復元氣的上海工業，帶來了另一輪災難性的破壞。

　　據 1946 年（民國三十五年）《解放日報》10 月 18 日的報導，至該年的 7 月為止，上海 3,914 家大小民營工廠中，就有 75% 倒閉，失業人數達 30 萬，佔全市工人總數的 40%。加上政府濫發貨幣，造成物價飛漲，人民購買力愈來愈低。一本 16 開的兒童卡通故事書也從 1946 年的 500 元漲到 1947 年的 1,500 元，然後漲到 3,000 元，最後更

抗戰結束後，上海的玩具工業逐漸復甦。雖然民生困苦，加上工廠倒閉，市場蕭條。但仍有一些廉價的鐵皮小玩具如小吉普車、小飛機、小坦克和小汽車等供應市場。

漲至 5,000 元。而一隻普通的賽璐珞玩具洋娃娃，也從戰前的幾十元漲到好幾萬元，升幅達 1,000 倍。

1947 年 5 月 3 日，上海《新民報》晚刊就有一篇題為「新式玩具萬金價　泥娃笑迎可憐兒」的文章，正好反映當時的一些實際情況：

> ……你也許逛過玩具店吧？會爬繩子的猴，開了發條會走的小汽車，小卡車，捏一下會叫的小耗子，搖一下會啄米的小雞，通上電就會在圓軌道上兜圈子的小火車，三個輪子的小腳踏車，……即使你已經是大人了，見了這玩意兒也該把玩一番，甚至愛不釋手吧？這些當然是孩子們的恩物了，可是，即使你偶然關心一下你的孩子，想買一件小玩意兒送給他們，可是，那些阿拉伯字後面接連着的圈圈，往往使你已經伸進口袋裏的手半天掏不出來，一具小玩意兒汽車的價錢，在戰前是一個小康之家的財產總數，因此多半的父親只好搖搖頭，心裏一回又一回地覺得對孩子們感覺抱歉而已……

上海的玩具工業在抗戰勝利後曾一度復甦。上海康元製罐廠就曾在 1947 年的《工商指南》上登過玩具廣告，重新推出下列產品：

> 活動小雞、翻身坦克車、爬娃、自動迴輪汽車、活動鱷魚、吉普車、坦克車、發火機關鎗、機器腳踏車、巨型飛機、流線型汽車……

廣州著名兒藥企業宏興藥房為紀念抗戰勝利，推出了宏興鷓鴣菜抗戰勝利促銷廣告。

繼康元製罐廠、中國工藝社、新藝玩具廠等陸續恢復生產後，這時期也開始出現了新的玩具廠，如 1945 年創立的生記乒乓球工業社；1946 年創立的蕭永利玩具社、永大機器玩具廠；1947 年創立的張順泰玩具工廠、大利合記玩具工業場、范永興玩具工業社；1948 年創立的華東玩具廠、順昌玩具作坊，及 1949 年創立的天德玩具工藝社等。

不過，由於國共內戰開始升級，通貨膨脹也隨之加劇，物價不斷飛漲，使一度復工的各玩具廠再度被迫停業。而康元製罐廠的老闆項康原也由於種種原因於 1947 年前往香港發展，並在翌年把所有資金、材料、機器、鐵皮調往香港，只留下四十幾人看守廠房與倉庫，直至上海解放。

隨着人民解放戰爭的前進，上海勝利解放在望，但工商業狀況卻日益惡化，物價不斷暴漲，小市民的生活水平不斷下降，根本無力消費。而玩具廠所推出的玩具產品，因為並非生活必需品，也就乏人問津。正如大華玩具廠的經理葉炳祥所說：「那時，大人們飯也吃不飽，孩子們當然更談不上買玩具了。」因此玩具廠迫於無奈，唯有開開關關，時做時停。

1949 年 5 月 27 日，永安公司職員在公司頂樓的綺雲閣升起了南京路上的第一面紅旗，上海終於解放了。解放標誌着上海終於進入了一個全新的歷史階段，也意味着上海的玩具工業開始邁向一個新時代。在「兒童是未來世界的主人翁」的口號下，新中國的玩具工業終於得到它應有的發展，並進入了上海玩具工業史上的另一個黃金時期。

永安公司玩具部職員在進行盤點玩具庫存數量

下　篇

一九四九年後的

上海玩具工業

我們生活在幸福的新中國

第五章

新中國 · 新希望（1949-1965）

新中國兒童在公園嬉戲的畫面，充分表現出新中國未來的希望。

新中國之兒童玩具發展

> 起來！不願做奴隸的人們！把我們的血肉，築成我們
>
> 新的長城……前進！前進！

伴隨着這首雄壯的《義勇軍進行曲》，中華人民共和國於 1949 年 10 月 1 日在毛澤東宣讀《中華人民共和國中央人民政府公告》後宣告成立了。從此，中國人民終於站起來了，中國玩具也開始進入新的兒童時代。

蘇聯教育家馬卡連柯（Anton S. Makarenko）曾說：「要給兒童玩具規定一個正確的方向，使玩具能夠引導和影響兒童，在成長起來以

126

後，能自覺地開始一種正當的、上進的、富有積極性和建設的，值得生活的生活。」因此玩具作為新中國兒童一項重要的教育工具，它的未來發展是國家非常重視的。為了能夠迅速發展中國的幼教事業和解決新中國成立後的玩具生產問題，早在 1949 年 9 月，中央人民政府副主席宋慶齡、全國婦聯副主席鄧穎超等人就已邀請兒童教育家陳鶴琴到北京共同商討解決和發展方案；同時，上海玩具行業的技術人員也到了北京，幫助北京玩具行業成立了「新中國兒童玩具廠」。

上世紀五十年代珍記玩具工業社生產的各種布玩具

為了祖國的花朵，女工們正在積極生產玩具。

新中國成立初期，仍然有惡性通貨膨脹的情況，而且大部分在解放前的上海玩具工廠關的關，停的停，玩具從業員不到 300 人，全市四分之三工廠停工，加上商店倒閉，經濟破產，民生非常困苦。不過，中央人民政府迅速作出了多項行動，很快地在翌年春天，就把國內市場穩定下來，這不僅抑制了多年來的通貨膨脹，而且為了鼓勵和促進中國玩具工業的發展，國家對玩具行業提供了稅收、原材料供應和資金等優惠的扶植政策，對以上海為中心的玩具行業的發展，起到了非常積極的作用。故此，雖然在建國初期，老百姓的生活並不富裕，而且剛剛才結束多年的內戰，接着又發生了「抗美援朝，保家衛國」的朝鮮戰爭，但中國的玩具工業卻不退反進，不僅原有的玩具廠恢復發展，新的玩具廠也相繼建立起來。

據資料顯示，當時上海的金屬玩具廠已增至 24 家，木製玩具廠則從解放前的十餘家增至 51 家，童車工業也發展至 12 家，而布絨玩具廠到了 1956 年就已建立起 34 家。除原有的康元製罐廠、勝泰玩具廠、大華玩具廠、新藝玩具廠、中國工藝社、胡源盛玩具廠等恢復投產外，還多了 1950 年創立的永昶玩具工廠及麗隆玩具工藝社；1951年創立的國強玩具工業社；1952 年創立的培德電動玩具工業社，再加上上海永佳玩具工業社、文耀玩具機製工業社、建中玩具工業社、裕泰玩具工業社、進步實驗玩具製造社、聯益玩具工藝社、能威玩具工

上世紀五十年代，上海永佳玩具工業出品的動物音樂會，出廠價為每打人民幣 2.05 元。

上世紀五十年代，毛主席鼓勵兒童要五愛：愛祖國、愛人民、愛勞動、愛科學、愛社會主義。圖為當時上海星南美術工藝社和科學模型廠出品的科學玩具《玩具電報機》及《模型電動機》。

上海文聯處和上海市中蘇友協於1954年舉辦了「德意志民主共和國兒童玩具展覽會」。圖中為玩具展宣傳品：1. 展覽章；2. 展覽宣傳單；3. 宣傳海報；4. 展覽入場券。

業社、北生玩具社、焦袁康玩具工業社、上海樂益玩具生產合作工場、上海曙光玩具工業社及家庭玩具工業社等多間新的玩具廠。

1953年，國家開始進入社會主義改造時期，上海市工商聯文教同業公會成立了「玩具大組」和「金屬玩具組」，協調和監督玩具生產的品種和質量，並協助解決生產方面的困難。而這時期的上海玩具工業再增多了一些新力軍，計有：1953年成立的鴻達玩具作坊、益民玩具工藝社、民強賽璐珞廠、友好文化用品工業社及方蘭記；1954年成立的大中玩具工業社、三聯五金玩具製造廠、寶發玩具工業社、新昶五金文具社及立民賽璐珞廠等。還有玩具藝人張雲、張修夫婦開設的永新玩具社，一改過去舊中國市場流行的藍眼珠洋囡囡，轉而設計並生產具民族特色的中國民族娃娃。

中國著名教育家陳鶴琴，就於1953年的上海市文教用品工業同業工會玩具組長聯席會上，首先提出了「創製民族娃娃的重要性，希望兒童能從中汲取知識，認識偉大的祖國，並且學習到族與族之間的和睦。」而除上海外，北京、天津、無錫、揚州、南京、廣東等地的玩具工業也建立起來，如1955年在北京建立了北京市兒童玩具廠、西城玩具廠、東城區東回人民公社玩具廠和1956年左右在廣東佛山建立的文娛玩具社等。

新中國成立後，國家非常重視中外展覽會交流。故此，

上世紀五十年代初慣性鐵皮玩具飛機

上世紀五十年代的兒童玩具展覽

除了幫助玩具行業解決資金和原材料等問題外，也積極舉辦展覽。例如 1954 年，由上海文聯處和上海市中蘇友協舉辦的「德意志民主共和國兒童玩具展覽會」，展出 189 種，共 2,070 件玩具；1956 年的兒童玩具展覽、1960 年在北京的全國第一屆玩具展覽，還有 1955 年的「捷克斯洛伐克十年社會主義建設成就展覽會」、1956 年的「日本商品展覽會」。1956 年的「蘇聯國民教育展覽會」，從大至自動機床到小至書籍、教具、兒童玩具等，都是第一次在新中國展出。

從一十年代的近代玩具發展初期至解放前夕，以上海為首的玩具工業在題材上，往往是帶着一種「仿製」甚至「複製」西洋流行玩具的觀念下製作國產玩具。例如，德國名牌 Lehmann 的玩具升線猴、美國名牌 Fisher Price 的木質米老鼠拖拉玩具等，都曾是三十年代國產玩具的複製對象。而解放後的全國各玩具廠，卻以仿帶創，努力設計出帶有祖國民族特徵的兒童玩具，如小拖拉機、小火車、和平鴿、穿着工人服或農民服的小娃娃等。

1956 年兒童玩具展覽會會章

1. 裝配車間工人正在做成品出貨檢驗，圖為工人正在檢查大華玩具廠出品的木製克里姆林宮玩具。當時出廠價為每個人民幣 5.7 元。

2. 1950 年《中蘇友好同盟互助條約》簽訂，對促使中蘇兩國未來的良性發展和建立牢不可破的友誼，產生了深遠和積極的影響。圖為上世紀五十年代的宣傳畫。畫面中，中國男孩在玩木製克里姆林宮玩具，蘇聯女孩在玩木製北京天安門玩具，宣揚着中蘇兩國兒童友誼長存。

3. 《中國少年兒童》是新中國的兒童雜誌，每一期封面都記錄了一件歷史事件，如簽訂《中蘇友好同盟互助條約》、抗美援朝等。

4. 坐火車到北京見毛主席。

5. 解放初期的低檔鐵皮玩具火車。

當年上海大華玩具廠的鐵工毛金根和會計員陳岳斌回憶説：

當時的工人們做每一件玩具，都要考慮到既要有教育意義，又要價錢便宜，而且，還要不妨礙孩子們的安全衛生。本來小刀、小槍不都是孩子們最普通的玩具嗎？可是工人們聽説孩子們常常用小刀、小槍來互相打仗，馬上就停止生產小刀、小槍，並且把玩具戰鬥機也改成運輸機，為的是要教育孩子們熱愛和平，反對戰爭。

1958 年，康元玩具廠試製出八款發條玩具，鬥雞是其中一款。

1958 年，永大玩具廠試製出廠內第一部電動汽車玩具。

「第一個五年計劃」加快玩具工業的發展

上海的玩具工業在解放後的發展勢頭非常強勁。鐵皮玩具龍頭工廠「上海康元製罐廠」從解放前留守廠房及倉庫的四十多人，發展至六百多人的公私合營大企業。至 1958 年底，金屬玩具行業的從業人員已達三千多人。而大華玩具廠也從起初的 7 人增至 69 人，並且投產了七百多種新玩具。在教育家陳鶴琴的幫助下，大華玩具廠把產品的服務對象擴大到幼稚園、少年宮和兒童樂園。隨着技術的發展，大華玩具廠的設計人員袁文蔚率先採用鐵和木，設計出鐵木結合的汽槍玩具系列產品。

1953 年，中國開始實行「第一個五年計劃」，主要力量集中在重工業，例如國防兵器、航空航天、冶金機械、化工能源等，而輕工業則

上世紀五十年代老百姓平常使用的物品，如電風扇、熨斗、茶壺、鉛桶和灑水壺等，也會被製成兒童玩具。

充當輔助重工業的角色，以滿足國家資金累積，和對人民生活需要作出貢獻。因此，當金屬玩具在五十年代中期開始在國際市場上飛速發展時，上海康元製罐廠就得到國家指示，希望康元廠能夠集中力量生產鐵皮玩具出口，用以換取進口原材料。

　　康元製罐廠從 1922 年創立至五十年代，雖然已有三十多個寒暑，但發展金屬玩具的時間加起來還不到十年光景，然而從三十年代的仿德國機動玩具到建國初期設計出國內第一輛慣性汽車玩具，發展到五十年代末的高級聲波操作汽車，至文革前夕獲得上海手工業局頒發的「1964 至 1965 年技術科研獎」，康元製罐廠不僅在上海的玩具史上具有舉足輕重的地位，而且作為金屬玩具行業的唯一大廠，康元製罐廠的發展本身就是一部活的上海金屬玩具發展史。

① ② ③

上世紀五十年代中期，國際鐵皮玩具市場飛速發展。康元製罐廠的生產比重逐漸由製罐業轉為玩具業。1958 年 6 月 1 日，經輕工業局批示，將製罐劃出，專業生產鐵皮玩具，並更名為「公私合營康元玩具廠」。圖為康元廠上世紀五十年代初期生產帶康元飯碗筷子商標的噴霧筒。

康元製罐廠在建國後的企業方向

　　解放前夕，由於市場前景不明朗，康元製罐廠基本上已停止任何生產。創辦人項康原也前往香港地區另謀出路，只留下四十多名工人留守上海總廠，其餘的工人紛紛被裁退回鄉。

　　新中國成立後，在上海市勞動局及行業公會的支持下，原康元廠工人都希望工廠能儘快復工，然而在香港地區分廠的項康原，卻因為某些原因不願再回內地發展事業，故此康元廠協理程煒南唯有親自前往香港地區說服項康原，並把一部分於解放前運往香港地區的模具取回。就這樣，康元製罐廠終於在 1951 下半年重新生產《218 小雞》、《236 工程馬車》及《爬孩》三種；1952 年再增加《214 跳蛙》和《219 升線猴》。

上世紀五十年代初，上海康元製罐廠重新投產的《機動爬孩》，出廠價為每打人民幣 18.18 元。

上世紀五十年代上海康元玩具廠出品的各種玩具：1. 動物運輸車；2. 機器腳踏車，出廠價為每打人民幣 15.2 元；3. 工程馬車，出廠價為每打人民幣 8.7 元；4. 機動蝴蝶，出廠價為每打人民幣 8.29 元；5. 機動坦克車，出廠價為每打人民幣 11.44 元；6. 機動小汽車，出廠價為每打人民幣 8.04 元；7. 升線猴；8. 荷花人，出廠價為每打人民幣 5.9 元。

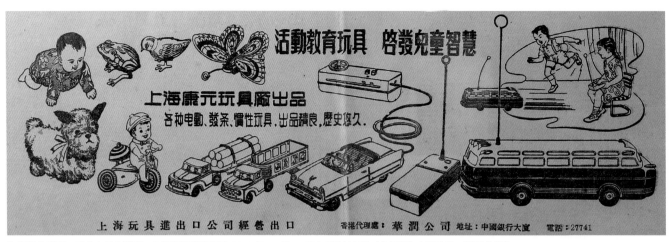

為慶祝中國出口商品交易會開幕，中國康元製罐廠於 1958 年 10 月 12 日在香港地區的《文匯報》上刊登的一則玩具廣告。

中國康元製罐廠出品之機動玩具，於 1957 年 11 月 8 日在香港地區的《大公報》上刊登的一則廣告。

香港廣智書局出品之《新方字》包裝盒，是由香港康元製罐廠承製。

香港康元製罐廠廣告

同一時間，中央政府為了儘早恢復經濟建設，和把資本主義逐步過渡到社會主義，開始初步實行公私合營計劃，並重新估計私營企業的財產。而康元香港分廠作為上海總廠的一部分，亦無可避免需要交出財務清冊。但項康原認為無此必要，並且立即向香港殖民地政府登記註冊，把「中國康元製罐廠香港分廠」轉為「香港康元製罐廠」。至此，「香港康元製罐廠」和「上海中國康元製罐廠」已再無任何經濟上的聯繫。但原「上海康元總廠」的發展步伐並沒有因此而停下來，1954 年又增加了老產品《245 機器腳踏車》，1955 年再加入《226 坦克》、《251 直升飛機》、《259 蝴蝶》、《213 象棋》、《221 方搖琴》、《237 圓搖琴》、《229 臉譜》、《233 活動鴨》及剛開發的新產品《255 荷花舞人》。

1951年，原上海康元製罐廠老闆項康元向香港殖民政府註冊「香港康元製罐廠」。圖為香港康元廠於四十至六十年代生產的各種機動玩具。
1.《271 警備車》；
2.《214 跳蛙》；
3.《276 貓戲球》；
4.《279 戰地炮》；
5.《219 升線猴》。

香港嘉頓公司始創於 1926 年，是香港知名的麵包餅乾糖果製造商，而該公司大部分
的食品罐是由香港康元製罐廠負責製造的，圖為各款戰前和戰後的嘉頓糖果罐。

小喇叭，胡源盛五金玩具出品，出廠價為每打人民幣 1.65 元。

編號為 MS013 的《響鈴三輪車》是上海康元製罐廠於 1957 年左右設計的兩款產品之一

上世紀六十年代版本的工程馬車

1958 年，上海康元玩具廠出品的計算機教育玩具。

勝泰玩具廠廠章

圖中玩具為上海某玩具廠於上世紀五、六十年代根據「解放牌」汽車的原樣設計的發條與慣性「解放牌」汽車玩具，編號分別為 MS021 和 MF010。

乒乓人，勝泰玩具廠出品，出廠價為每打人民幣 1.9 元。

自行企鵝，勝泰玩具廠出品，出廠價為每打人民幣 2.05 元。

機動汽車，勝泰玩具廠出品，出廠價為每打人民幣 11.49 元。

1959-1961 年康元玩具廠先進生產者和先進工作者集體合照。前排右一是玩具設計師呂孟雄老師，設計過編號 ME610《母雞生蛋》（玩具詳見 193 頁）、編號 MF996《紅旗汽車》、編號 MF103《超音速飛機》、編號 MF105《遠程客機》和編號 ME623《釣魚》等作品。

中國的玩具工業於上世紀五十年代末開始起飛，為滿足更多新中國兒童的教育事業，上海康元玩具廠工人積極地裝配新產品《鐵皮推土機》玩具。

中國玩具如日方中

新中國成立後，在經濟上，老百姓的生活水平有了顯著的提升，而在工業上，中國首批國產汽車於 1956 年在長春「一汽」成功出廠。同一時期，首批國產噴氣式殲擊機在瀋陽也成功生產，而國內第一輛慣性玩具汽車及新產品《響鈴二輪車》，也在同年於康元廠誕生。

五十年代中期，中國金屬玩具在國際市場上如日方中，每年的貿易額達數百億美元，因此上海康元製罐廠在得到上級批准後，從 1955 年開始便逐步將生產比重從製罐轉為主力生產玩具。

1954 年前，康元製罐廠每年之產值約為 25 萬 5,577 千元；1954 年，產值略有上升，至 62 萬 2,811 千元。轉變後的康元製罐廠從 1955 年開始，玩具產值每月上升 3 萬至 6 萬元不等。1956 年的年產量為 66,000 打，1957 年為 92,000 打，到了 1962 年，年產量更上升至 288,000 打，比解放前增長了幾十倍。

在周恩來總理的支持和推動下，中國玩具工業得以不斷向前邁進。為了滿足新中國兒童教育事業的未來發展，以康元製罐廠為首的各大

1958 年底，在「大鬧技術革命、技術革新」運動，上海康元玩具廠有 31 種新產品投入生產，其中有《無線電操控電動車》、《磁性跳舞人》和《電動電視機》等。圖中小孩們正好奇地試操控康元玩具廠出品的《無線電操控電動車》。

北京市兒童玩具廠於 1955 年在《大公報》上刊
登的一則廣告

小玩具廠開始計劃生產更多、更好、更高級的現代玩具。康元製罐廠在 1955 年就設立了一個玩具技術研究小組；1958 年更進一步發展為玩具設計室，用以加強玩具的生產管理和新產品的設計。該年共試製出慣性玩具 11 款，計有：開蓬車、警備車、遊覽車、醫院服務車、救火車、轎車、運木車、冷藏車、汽油車、手搖慣性拖拉機、小雞出殼；發條玩具 8 款，計有：頑皮狗、喜鵲、狗吃骨頭、計算器、鴨吃魚、鬥雞、電車、採花蝴蝶；電動玩具 11 款，計有：電動蓬車、警備車、遊覽車、醫院服務車、救火車、轎車、無線電操縱汽車、聲波汽車、光波汽車、電動衝鋒槍及跳舞人。而勝泰玩具廠利用慣性原理於 1956 年設計出工廠第一款慣性玩具，1958 年永大玩具廠成功試製了電動玩具車，1958 年塑料玩具製品廠建立，設計和生產出慣性星球坦克車和電動玩具搖頭風扇等。同年，由 24 家小廠合併的「玩具一廠」也成立了。而北京作為中國玩具工業的重點產區，北京市兒童玩具廠先後開發了鐵皮玩具如發條打滾貓、慣性飛船、電動荷花舞人；木製玩具如兒童鐘等新產品，到了六十年代，又開發了具有北京特色的鐵皮打乒乓球電動玩具。其他地方如天津，則得到了天津市二輕局的支持，於 1963 年成立了「天津市玩具技術研究組」。江蘇省的揚州和無錫也成立了玩具廠，於六十年代開發出如小熊打鼓等發條或電動操作的布絨玩具。

隨着國民經濟的良好發展，上海的玩具工業得到國家支援，獲得更大的發展空間。雖然在動作設計上，國產玩具依然離不開西式玩具的設計架構，但在題材上卻比解放前來得豐富，具有更大的教育意義。例如勝泰玩具工廠所生產的機動噴氣式飛機、燕式飛機、機動中耕機、機動播種機、乒乓人；胡源盛五金玩具廠出品的鐵皮煤爐鍋子；中國棋子廠的彩色積木；大華實驗廠的拔蘿蔔六面畫、克林姆宮積木、木製獅球車、木製民族卡車；元元玩具工業社的木製十輪卡車、木製汽油車；文耀玩具廠的木製灑水車、救護車、小熊砍樹、小貓釣魚和信鴿；永佳玩具工藝社的木製光榮門遊戲；新藝玩具社的紙製解放台灣遊戲、祖國寶島遊戲、人民體育運動大會遊戲、康藏公路通車紀念遊戲；還有立民賽璐珞玩具廠的好學生賽璐珞玩具、少先隊賽璐珞玩具和農村姑娘賽璐珞玩具等。

小天使，立民賽璐珞玩具廠出品，出
廠價為每打人民幣 7.5 元。

小妹送茶，立民賽璐珞玩具廠出品。

彩色積木，中國棋子公司出品。

三用學習鐘，永佳玩具工業
社出品，袁文蔚設計。

上世紀五十年代中國棋子玩具廠廠章

148

1954 年 12 月 25 日，康藏公路勝利通車拉薩。這是人民解放軍把拉薩與北京、西藏與祖國內地緊緊連結在一起，並一舉結束了西藏沒有公路歷史的光榮任務。康藏公路東自西康省省會雅安，終點拉薩。圖中的《康藏通車紀念棋》正是那個時代的產物，由中藝玩具社出品，出廠價為每盒人民幣 0.25 元。

跑馬棋，公私合營上海中藝玩具廠出品。

飛機造型魯班鎖

「公私合營」後制定劃一標準方便出口

　　五十年代末，上海所製造的玩具雖然在技術上與國際水平還有一點差距，但在國際市場上卻日益受到歡迎，出口量大增。特別是香港地區的市場，中國內地出產的金屬機動玩具位居銷售量第二。為了方便統一出口，在 1957 至 1958 年間，上海各大小玩具廠一律劃歸「上海市體育文娛用品工業」領導，並且在各廠名前開始加上「公私合營」四字。接着，從 1958 年開始，制定劃一出口標準、編定出口號碼和型號，避免因玩具名稱或品種式樣相似，而引起不必要的混淆。

　　上海金屬發條玩具定為 MS（Metal Spring），如跳蛙的代號是 MS002；北京金屬發條玩具則定為 PMS（P 是北京的縮寫），如跳舞姑娘的代號是 PMS012。

上世紀五十年代，北生玩具社出品的木製活動人。

上世紀五十年代出產的木製玩具吉普車

150

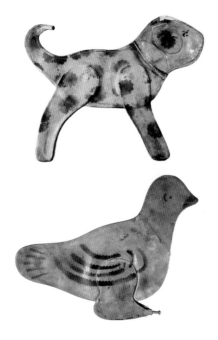

橡皮小花狗（上）與橡皮和平鴿玩具（下）

上海金屬慣性玩具為 MF（Metal Friction），如紅旗敞蓬車的代號是 MF135；北京金屬慣性玩具則為 PMF，如小型坦克的代號是 PMF005；天津金屬撤慣性玩具定為 65，撤慣性熊貓騎摩托車是 65-2。

上海金屬電動玩具為 ME（Metal Electric），如坦克代號有 ME774；北京金屬電動玩具為 PME，如電動乒乓球賽的代號是 PME001；木製拖拉玩具為 WP（Wooden Pull-Along），如音樂直升機的代號是 WP186。

木製遊戲玩具為 WG（Wooden Game），如打飛禽的代號是 WG023；木製積木或六面畫為 WB（Wooden Block），如動物拼圖為 WB344；另類木製玩具為 WM（Wooden Miscellaneous），如幼兒通的代號是 WM049；中國民族娃娃為 DM；搪塑膠皮玩具為 PV 等。

大陸實業公司出品的橡皮玩具廣告

上世紀五十年代生產的各種木製玩具：1. 救護車，文耀玩具廠出品，出廠價為每部人民幣 1.29 元；2. 彩色大木珠，新藝玩具社出品，出廠價為每盒人民幣 0.45 元；3. 紅綠遊戲彈子盤，大中玩具社出品；4. 木製拖拉船；5. 五十年代木製郵政信筒兒童郵儲蓄罐；6. 木製旅行車。

兒童開心玩着各種國產木製玩具

幼教積木，前進玩
具廠出品。

全國分省拼圖，奇能玩具工業社出品。

偉大祖國地圖拼圖，新育工藝社出品。

千面人，新藝玩具社出
品，出廠價為每盒人民
幣 0.246 元。

彩色排板，合作工業社出品。

象棋，蘇州蘇民玩具車木廠出品。

新中國兒童在公園玩蹺蹺板

海陸空軍戰棋，蘇州蘇民玩具車木廠出品。

人體積木，一大玩具工業社出品。

全面進入社會主義社會

　　根據中央政策，對民族資本主義經濟，採取的是利用、限制和改造，而改造的第一步是把私人資本主義轉變為國家資本主義，接着再把國家資本主義轉變為社會主義。當「公私合營」在五十年代中的高潮過後，中國在六十年代開始步入全面社會主義社會。全國各「公私合營」玩具廠也逐步合併和轉變成「國營」廠，如「公私合營康元玩具廠」改名為「國營上海康元玩具工廠」，之後再更名為「上玩二廠」；「上海六一玩具廠」更名為「上玩三廠」；「上海萬象玩具廠」改為「上玩四廠」；「上海新光玩具廠」改為「上玩五廠」；「上海娃娃廠」改為「上玩七廠」；「大華玩具廠」改為「上玩八廠」；「中藝玩具廠」改為「上玩九廠」；「立民化學玩具廠」改為「上玩十四廠」；「上海塑料玩具廠」改為「上玩十五廠」，各廠各司其職。分別負責生產鐵皮玩具、毛絨玩具、木製和棋類玩具及塑膠玩具。合併後的玩具廠在規模上比合併前擴大，而且彌補了因勞動力不足、規模及技術落後而使產品品質下降等問題。

大躍進

　　1958 年，國家基本建設事業蓬勃發展，毛澤東提出了「鼓足幹勁、力爭上游、多快好省地建設社會主義」的建設總路線，接着又發動了「大躍進」與「人民公社化」運動，全國人民均自動自發，在生產建設中發揮着高度的社會主義積極性和創造精神。為了促進新中國兒童教育事業的未來發展和幫助國家爭取更多外匯，以上海康元玩具廠為首的各玩具廠在周恩來總理的支持下，全面發展和生產更多、更好、更高級的現代玩具。康元玩具設計室的工程師陶理幹與孫阿富就在七日內，試製出世界最新型的《聲波操控汽車》和《光波操控汽車》。

　　隨着英國武裝干涉黎巴嫩和約旦，中國在社會主義全面大躍進中，由輕工業部工藝美術局、對外貿易部中國雜品出口公司、中國土產出口公司於 1958 年 7 月聯合在上海舉行了第一次「全國兒童玩具

上世紀六十年代上海玩具九廠的前身，是公私合營中藝玩具廠。圖中兩張照片所拍攝的是同一家玩具廠和同一個位置。

木製玩具是兒童玩具的一大類別

上世紀五十年代初，兒童雜誌《小朋友》某期封面，畫出了當年市集玩具攤上售賣的各式流行玩具。

上世紀五十年代的木製搖馬

重點產區專業會議」。參加會議的有六省、五市、十七局、十三家公司及二十五個生產單位，共 108 人。還有中央工藝美術學院副院長張仃、中國人民保衛兒童全國委員會副秘書長張淑義、山東工學院教授劉先志、上海美術家協會蔡振華、陶謀基、沈凡等也應邀出席。

為了使中國生產的玩具品質及技術迅速達到世界水平，會議着重討論玩具造型和內部機件構造原理，對造型的真實性與藝術加工如何結合、出口玩具與國內玩具如何分工、成立產品鑒定機構、研究設計方向及舉辦技術訓練班等問題。

會議期間更舉辦了一個國內外兒童玩具展覽會，受邀者參觀了包括「上海玩具一廠」、「康元玩具廠」在內的六間玩具廠，通過此次參觀及座談討論，不僅發揚了相互支持的協作精神，更進一步加強了各代表對中國玩具未來發展的信心，並且團結了各城市的中國玩具工業從業員，他們紛紛表示要設計出更多、更好、更便宜的兒童玩具，來滿足國內外的需求。

上世紀六十年代生產的各種木玩具

上世紀六十至七十年代生產的各種鐵皮玩具

上世紀六十至七十年代生產的各種鐵皮玩具

「幻術幻術真希奇，一張白紙變國旗；幻術幻術原是假，誰信真了誰就傻。」據記載，魔術，古稱幻術，自先秦萌芽，漢朝鼎盛，魏晉南北朝成熟，至宋朝繁榮，元明清衰退，再到民國時期的再發展和新中國的新紀元，中國幻術的發展已經歷了 2,200 多年。圖為幾款六十年代以魔術師為題材的兒童玩具：1. 上海出品的發條魔術師玩具，出口編號為 MS815；2. 上玩八廠的木製魔術師電動玩具及玩具彩盒設計；3. 上海娃娃廠出品的魔術師娃娃。

民國三十年代，上海大眾書局出版的兒童《簡易幻術》。

172

上世紀六十至七十年代生產的各種鐵皮玩具

玩具槍不管甚麼年代都是男孩最喜愛的玩具之一

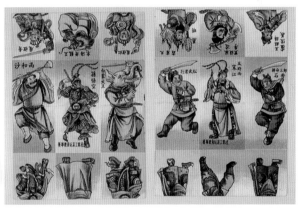

上世紀五十年代生產的各種紙和布絨玩具

上世紀五十年代，上海生產玩具工藝社出品的《小小電影機》玩具。

例如，北京方面要生產更多高質素的鐵皮玩具、搪塑民族娃娃、木製玩具；溫州則要發展音樂玩具、物理玩具；杭州則要發展小手風琴、小電影機；寧波要生產樂器及童車玩具；無錫要生產木製玩具、膠木娃娃、紙製玩具、陶製玩具、絲絨玩具、鐵皮玩具等；而上海則充當技術顧問，為其他地區提供技術支援。例如協助於 1956 年成立的北京市兒童玩具廠，生產鐵皮、布料、化學、塑料等玩具和童車。1964 年，為適應首都玩具事業的發展，北京市兒童玩具廠劃分為三間廠，即北京市玩具一廠生產鐵製玩具，二廠生產木製玩具，而三廠則負責生產娃娃及塑料玩具。

上世紀五十年代生產的各種紙玩具

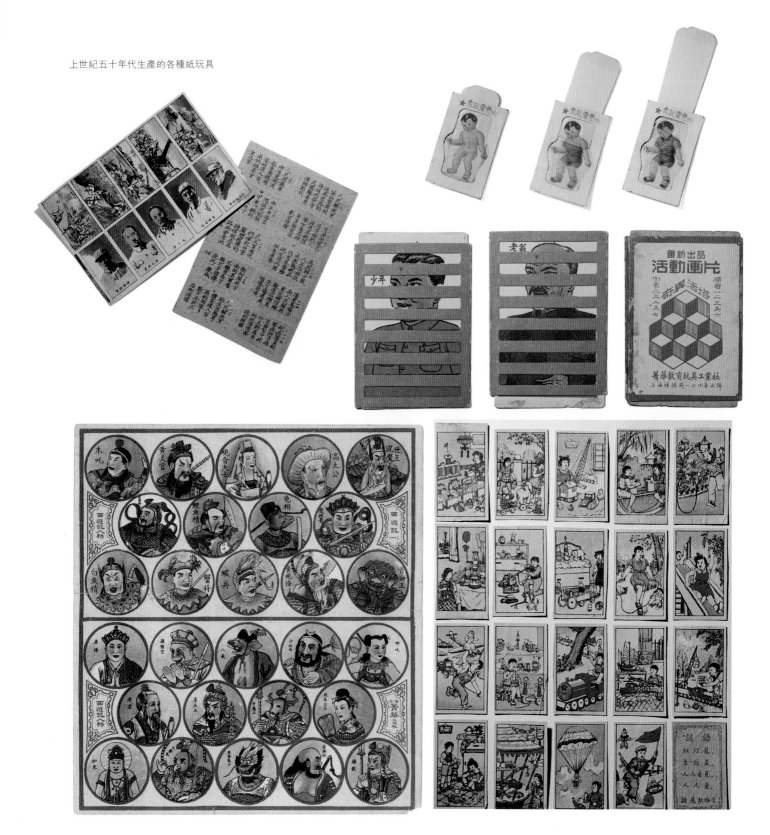

上世紀五十至七十年代生產的各種娃娃和布袋木偶

可是由於忽視了客觀的經濟發展規律，在「大躍進」和「人民公社化」運動的過度推動下，盲目的合併擴大轉廠，許多小玩具廠被合併後，雖然產業擴大了，但由於要統一安排生產任務，不能單獨生產經營；加上合併後的許多工廠原不是生產玩具專業，以至在管理上出現混亂狀態，導致原本百花齊放和具有特色的產品消失了，產品種類減少、生產力和出口量隨之下降，使正在發展的中國玩具工業遭到了嚴重打擊。

上世紀五十至七十年代生產的各種娃娃和布袋木偶

上世紀六十年代生產的搪塑玩具

上世紀五十年代上海畫片出版社出版的《飛到星星去》宣傳畫。這是一幅科學幻想圖，描寫六個孩子分別坐在兩架宇宙飛船上，飛出地球，在天空中往返旅行，啟發兒童的科學知識和反映人類征服自然的遠大理想。

小孩正玩着康元玩具廠工藝美術師王統一設計的 ME777《宇宙電視車》（見 243 頁）

開發太空類玩具

1958 年 7 月，上海康元玩具廠設計出國產第一代電動玩具後，中國玩具工業可以說進入了一個新紀元。雖然「大躍進」運動和「三年自然災害」導致中國玩具業受到衝擊，但進入六十年代，中國鐵皮玩具在設計上開始趨向多樣化，從發條驅動、單一慣性動作發展到可發光、發聲、發火甚至冒煙的高質素電動玩具，生產技術已漸漸達到國際水平，玩具種類可說應有盡有。當時除了上海康元玩具廠（即「上玩二廠」）外，還有「上玩一廠」、「上玩五廠」、「京玩一廠」到後來的「武漢金屬玩具廠」，除生產基本交通類玩具如火車、船、卡車、汽車；動物類玩具如鯨魚、母雞、狗、貓、猴子等外，又開發了太空類玩具。

上世紀六十至七十年代生產的各種鐵皮太空類玩具，有慣性的、發條的，也有電動的。

上世紀六十至七十年代生產的各種鐵皮太空類玩具，有慣性的、發條的，也有電動的。

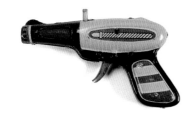

　　太空類玩具或稱科幻玩具（Science Fiction Toys），一直都是國外玩具主流產品之一。五十年代末、六十年代初，美蘇兩個超級強國展開冷戰，從政治、經濟、科技，發展到航天技術的競爭。1957 年，前蘇聯成功發射「人造地球衛星 1 號」；1958 年，美國成立美國國家宇航局；1959 年，前蘇聯又成功發射了第一顆月球探測器「月球 1 號」；進入六十年代，兩國的競爭更加白熱化，不斷發射人造衛星上太空，接着前蘇聯又於 1962 年進行載人飛船編隊飛行，美國則於 1965 年發展到登月艙與母艦可在月球附近會合，這等事實加快了世界進入太空時代，而太空類玩具也在一夜間成為西方世界及亞洲日本的熱門產品。美國太空人於 1969 年乘坐阿波羅 11 號太空船成功登陸月球，更帶動了這股熱潮。

　　遠在四十年代，西方國家和日本已對太空世界產生了濃厚興趣，而且透過電影、科幻小說進一步展示未來可能的太空高科技，而玩具生產商則順應潮流，生產應時的科幻玩具如 Lilliput Robot、Buck Roger's Rocket Patrol；及至五十年代又推出機械人玩具如 Robby Robot、Space Commando、Radar Robot 及太空火箭玩具 Moon Rocket 等。不過，美國太空人成功登陸月球後，太空類玩具才真正被推上高峰。

　　中國 1970 年 4 月 24 日成功發射國產第一顆人造衛星東方紅 1 號，成為世界上第五個能發射衛星的國家。可能由於過去資訊不發達，上海的玩具工業未能及時掌握當時熱賣產品的相關資料，故此上海在發展科幻玩具上起步較晚。一直到六十年代，上海才出現第一代太空玩具，如電動宇宙坦克、電動閃光汽車、電動衛星、電動太空坦克、電動月球探礦車、電動太空直升機、宇宙號慣性月球火箭、慣性月球飛船、慣性宇宙賽車、雙管太空槍、發條月球雷達車、發條迴輪衛星等。

充滿祖國特色的中國玩具

　　玩具是一個大時代的縮影，也是一部歷史的攝影機，除了肩負着教育新中國兒童的偉大使命外，同時也是培養紅色接班人的有效宣傳工具。因此，解放初期和文革時期設計的玩具必須帶有正確的政治立場。1951年4月2日，當周恩來總理在中共第一次全國組織工作會議上作《目前時局和我們的任務》的報告，說「抗美援朝」仍然是1951年的首要任務的同年，10月15日，上海市人民政府文化局就因為發現市面上有各種歪曲政治內容的棋類玩具，如抗美棋等，而召開了兒童玩具製造商座談會，並宣佈會進行取締工作。

　　1954年4月26日至7月21日，中、蘇、美、英、法五國外交人員在日內瓦舉行和平解決朝鮮問題會議，期間由於發現市面上有一種名為「捉戰犯」[1]的兒童玩具，浙江省上虞縣合作總社也發出通告（並抄送至上虞縣人民政府工商科）：

> 　　因為日內瓦會議正在進行中，中英關係稍為緩和和改進，加上英國工黨代表團將會到中國進行訪問，因此宣佈要求所有國營商店合作社立即停止出售該兒童玩具，並強烈要求將該商品所有涉及人、外國圖案、字樣等作一次全面檢查。

　　從解放初期的「抗美援朝」和「解放台灣」、康藏公路通車、殲擊機、東風牌轎車、紅旗牌轎車；六十年代初的越戰到32111英雄鑽井隊、黑龍江開發大慶油田、萬噸水壓機，和文革期間的現代革命京劇等，都一一被用作創作玩具的主要題材。例如，「解放台灣」遊戲棋、「康藏公路通車紀念」遊戲棋、慣性鐵皮殲擊機及東風牌汽車、32111英雄鑽井隊木製六面畫、電動萬噸水壓機鐵皮玩具、越南民兵打倒美國兵搪塑娃娃、紅燈記布袋木偶、「毛主席萬歲」鐵皮小轎車，還有「三面紅旗」鐵皮小轎車及「人民公社萬歲」小卡車等。這些玩具都不斷記

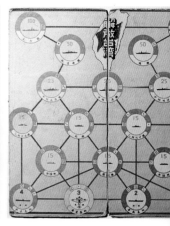

1949年3月15日，新華社發表了一篇題為〈中國人民一定要解放台灣〉的社論。同年12月31日，中國共產黨中央委員會在〈告前線將士和全國同胞書〉的發表中將「解放台灣」作為中國人民解放軍1950年的任務之一。而解放台灣棋和大戰台灣棋正反映當年大時代下流行的一種兒童教育玩具。

1　「捉戰犯」是以邱吉爾、杜勒斯、麥克阿瑟、蔣介石等人為戰犯的一種兒童玩具。

186

1. 編號為 ME677 的上海牌敞蓬車電動玩具，由「上玩二廠」的工藝美術師倪巡設計。

2. 編號為 ME651 的萬噸水壓機電動玩具，由「上玩二廠」的工藝美術師倪巡設計，關於這件玩具的故事可參閱第八章「玩具人」篇。

3. 1966 年 6 月 22 日，四川南部合江縣天然氣井塘河 1 號井，正在進行投產前的關井測壓。不知何故，突然發生井噴事故，井場頓時變成一片火海。32111 鑽井隊迅速投入制服井噴行動，用鮮血撲滅了一場大火，用生命保住了這口大氣井。他們的英勇事跡獲得了高度的肯定與讚賞，並被授予「無產階級革命英雄主義鑽井隊」稱號。圖為《32111 鑽井隊》六面畫玩具，用撲滅火海的故事來培養中國未來的紅色接班人，學習 32111 鑽井隊把無產階級利益當成自己第一生命的革命精神。

4. 人民公社是社會主義建設「三面紅旗」之一。而「人民公社好！」、「人民公社萬歲！」在上世紀六十年代後漸漸成了農村社會主義和基層無產階級的典型口號。在那個紅紅火火的大時代，玩具作為培養中國未來紅色接班人的宣傳工具，口號也在玩具上出現。圖中這輛載滿瓜果蔬菜的慣性鐵皮卡車，是當時非常典型的玩具之一。

錄着當代發生的事情。正如宋慶齡所説：

> 玩具是豐富兒童生活、激發兒童愛科學、愛勞動和對兒
> 童進行共產主義教育最有效的工具之一。

中國玩具從六十年代開始在國際玩具市場上嶄露頭角，雖然當時中國正值「三年自然災害」，但北京市還是於 1960 年 7 月舉辦了「京津滬三市玩具展覽會」。為了進一步擴大國產玩具的生產規模和增加玩具出口，以康元為首的國營大型玩具工廠設立了「出口產品小組」，領導新產品的開發工作。「上玩二廠」在慣性玩具上有了新的進展，設計出能在行駛中噴出火花的火箭飛機，接着又設計出新式電動大型衝鋒槍、宇宙坦克、會冒煙的拖拉機等。1962 年，由產品設計部、質量檢驗部和產品審查部組合成了「生產技術科」，同年 9 月成立了「標準化工作組」，為進一步提高玩具技術水平及改進技術管理作出努力。

以政治作為創作題材，是典型文革玩具的一大特色。

188

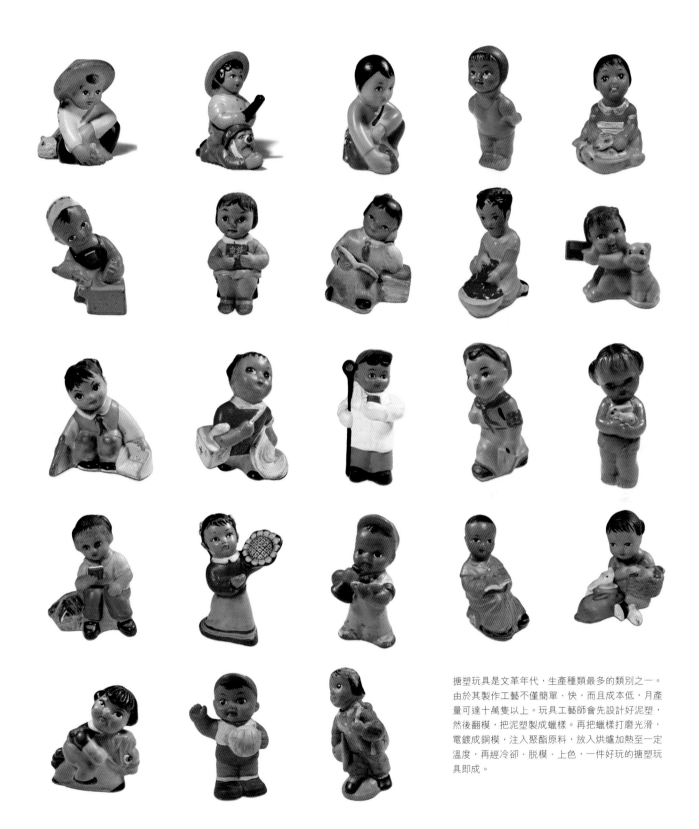

搪塑玩具是文革年代，生產種類最多的類別之一。由於其製作工藝不僅簡單、快，而且成本低，月產量可達十萬隻以上。玩具工藝師會先設計好泥塑，然後翻模，把泥塑製成蠟樣。再把蠟樣打磨光滑，電鍍成銅模，注入聚酯原料，放入烘爐加熱至一定溫度，再經冷卻、脫模、上色，一件好玩的搪塑玩具即成。

五、六十年代的玩具出口市場

　　玩具在戰後的五、六十年代一直在蓬勃發展。亞洲地區除中國內地外，蘇聯、日本、韓國、台灣地區、香港地區，甚至印度都積極生產玩具以供市場所需，但若論出口量和設計種類，要數日本與香港地區為中國內地最大的競爭地。

　　根據 1962 年新加坡《星州日報》的報導：「由於歐洲各地工人薪金提高，增加了貨物生產成本，已影響新加坡商人的興趣，於是日本玩具和香港玩具將會有持續性的增加。」1953 年，日本玩具的出口量佔世界第一位；1959 年，輸出量甚至超過了肥料、汽車和機械。到了六十年代，出口量不僅打敗德國玩具，而且還霸佔了整個東南亞市場。

　　而香港玩具工業則從四十年代，由十家以泥、石、紙及金屬為原料的玩具廠開始，發展至 1956 年 2,950 萬的出口值，1957 年上升至

1. 厚興公司於 1963 年 8 月參加新加坡大世界工業商品展覽會。

2.－3. 厚興公司於上世紀六十年代推出的玩具廣告。

4. 厚興公司於 1959 年參加由新加坡中華總商會主辦的「慶祝新加坡自治博覽會」。

5. 1966 年，新加坡社會文化事務次長陳志成先生，參觀厚興公司在大世界商展會主持的中國玩具館。圖中從左到右：第二站立者為陳志成次長；第三位為厚興公司老闆林道興先生。

6. 厚興公司於 1966 年參加新加坡秋季大世界工商展覽會。

5,350 萬元，1958 年是 6,520 萬元，1959 年是 8,920 萬元，到了 1963 年的出口值已達 2 億 8,000 萬元，成為香港地區十大工業之一，七十年代更超越玩具霸主日本。

從建國初期至文革前夕，上海、北京、天津、廣東等地的玩具工業發展可以說是無風無浪，雖然當中發生了「三年自然災害」，但並無阻礙整個中國玩具工業的穩步發展。在國家重點支持下，以上海為首的上海玩具工業慢慢建立起自己的發展步伐。中國玩具於 1958 年開始出口，主要是通過香港地區代理華潤公司進入香港、歐洲市場，及通過新加坡代理厚興公司[2] 進入新加坡及其他東南亞市場。

1965 年，由華遠公司在香港地區舉辦了第一次中國玩具展覽，

2　厚興公司於 1948 年在新加坡成立，開始時主要作為是英國、美國、意大利和捷克在新加坡的玩具總代理。五十年代初開始代理上海玩具，當時是以代理中國民族娃娃為主。

中國玩具展覽會
定期本月中舉行
展出玩具兩千種地點在大會堂

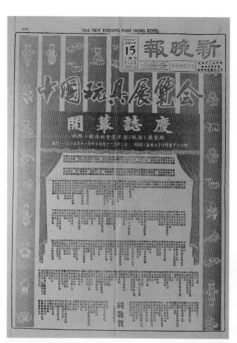

THE NEW EVENING POST HONG KONG

新晚報 15

中國玩具展覽會

開幕誌慶

同敬賀

中國童車

款式美觀
色澤光亮
構造堅固
机件靈活

總經銷 中孚行 香港文咸西街33号 電話：433437

各大公司童車店均有代傳

國產金屬玩具奇趣

本報特稿

鷄媽媽生蛋

乒乓賽戰情激烈

螢火蟲閃閃有光

鐵製電動玩具

載重車能載重物

．宛若奇．

中國玩具展覽会

日期：1955年11月15日至11月23日每天上午10時至下午8時 地址：香港大會堂正座（低座）展覽廳

文友公司主辦
展覽內容·豐富多采

各種新穎玩具展出．有趣味豐富的攤位遊戲．
大型活動玩具表演台·紀念品定時贈送·精彩電影放映·

·歡迎參觀·

兒童玩具
兒童恩物·聖誕禮品

總經銷 中孚行 香港文咸西街33号 電話433437
各大國貨公司·商號均有出售·

中滙國貨有限公司
九龍彌敦道近民治中滙大廈 電話：892046

慶祝「六一」國際兒童節
由五月廿二日起舉辦

中國玩具展覽
附設：兒童花園遊樂場
贈送兒童禮品

展覽期內：兒童文具
文教用品·童裝·童鞋

特價優待·歡迎參觀

附展：國產石山盤景，桂林山水，江南名勝

1. 編號 MS575 的《小熊拍照》玩具的設計師為「上玩十四廠」（原立民賽璐珞玩具廠）的楊國卿老師。

2. 廣州玩具廠生產的一種以磁鐵同極相互排斥、異極相互吸引原理的跳舞人小玩具。玩法是把鏡子推向跳舞人，跳舞人就會不斷旋轉，狀似翩翩起舞。

3. 編號為 ME610 的《母雞生蛋》玩具的設計師為「上玩二廠」（原康元玩具廠的呂孟雄老師。

4. 上海童車廠出品的馬頭三輪車

5. 上海童車廠出品的搖鹿

更是把中國內地玩具通過香港地區這窗口推向全世界。展覽期間，中國上海玩具普遍受到許多香港地區各界人士的讚賞。當時生產的《母雞生蛋》、《冒煙火車》、《噴氣客機》、《小熊拍照》等鐵皮產品均深受中外兒童歡迎，在香港地區、東南亞，甚至東、西歐國家的銷路都非常好。

1965 年，華遠公司在香港大會堂舉辦另一次中國玩具展覽，展出包括
鐵皮發條、慣性、電動、塑料、木製、娃娃、童車等 2,000 種玩具。

在「上玩七廠」的裝配車間裏，
女工們正努力的為祖國的花朵
們生產更多更好的大國娃。

中國娃娃產品出口目錄

Chinese TOYS

中国玩具

SHANGHAI TOYS IMPORT & EXPORT CORPORATION

約 50 公分高的時裝國娃是「上玩七廠」的出品

上海娃娃廠出品的各種羊毛絨動物玩具，是國內外兒童鍾愛的玩具之一。

　　「上玩二廠」（康元玩具廠）作為上海唯一玩具大廠，可以為國家賺取更多的外匯，故此在上級局和公司要求下，「上玩二廠」必須完成年產 100 萬美元的出口任務。 從 1962 年 1 月至 9 月，「上玩二廠」每月平均出口值已達 27 萬元，月產量為 24,300 打，出口佔百分之三十，約為 7,500 打。1964 年總產值上升至 813 萬 8,000 元，1965年躍升到 1,167 萬元，至文化大革命前夕，生產總值再躍升至 1,255萬元。

　　五十年代的中國玩具除了在經濟上能換取外匯外，還有表達和平願望及文化交流等重大政治意義。1956 年，中共上海市委國際活動指導委員會指定以上海康元玩具廠為首的各家玩具廠作為外賓接待單位。

上海的玩具廠接待外賓紀錄

玩具印鐵車間

1956 年

4 月 30 日，上海康元玩具廠首次接待日本代表團

5 月 26 日，和蘇聯製造玩具專家、工程師和設計師進行交流，並獲蘇聯玩具專家贈送一份機動玩具製造技術資料

1957 年

6 月 25 日，蒙古人民共和國手工業合作社訪華代表團參觀廣州市第二兒童玩具社

1958 年

9 月 5 日，朝鮮輕工業社代表團參觀上海紅五月玩具廠

10 月 28 日，捷克斯洛伐克手工合作社代表團參觀上海六一玩具廠

1959 年

10 月 10 日，印尼國民黨總主席蘇維的夫人和國民黨前副總理哈迪夫人參觀上海康元玩具廠，並對其設計的無線電操縱汽車非常感興趣

1960 年

3 月，依照越南民主共和國工業部的要求和獲得上級公司的指示，越南留學生得以到上海康元玩具廠實習鐵皮玩具生產技術

4 月，上海康元玩具廠接待新加坡執政黨一行 13 人，向貴賓介紹工廠在解放後的玩具發展和成績

1961 年

9 月，上海康元玩具廠接待古巴少年代表團

1962 年

11 月 26 日至 12 月 5 日，上海康元玩具廠接待羅馬尼亞玩具考察團

1963 年

5 月 13 日，上海康元玩具廠接待朝鮮代表團

5 月 17 日，上海康元玩具廠接待古巴工會代表團

6 月 9 日，上海康元玩具廠接待柬埔寨婦女代表團

1955 年，位於廣州的兒童玩具轉台。

　　除此之外，還接待過印尼婦女代表團、越南河內市代表團、智利和阿爾巴尼亞電影工作者、波蘭國家代表團、波蘭玩具專家、巴基斯坦及秘魯共產黨書記等。通過參觀、考察、商討業務，上海康元玩具廠與其出品的康元玩具，為中國傳播友誼作出了重大貢獻。

　　隨着中國玩具對外貿易的出口量不斷上升，中國玩具在國際市場的前途是可預見的，可惜一聲「炮打資產階級司令部」的炮響，卻改變了中國玩具的前途，也使中國玩具工業再一次面臨比解放前和「大躍進」更大的衝擊，中國玩具工業的發展遭受到第三次挫折。

听党的话跟党

狠狠打击美国佬！

活动转盘

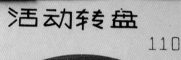
挖空

做毛主席的好孩子

第六章

文革對上海玩具工業之衝擊

(1966-1976)

經典的紅衛兵搪塑玩具

毛澤東曾經說過：「中國人民有志氣，有能力，一定要在不遠的將來，趕上和超過世界先進水平。」但由於一部《海瑞罷官》的歷史劇，而引發起一場六十年代史無前例的「無產階級文化大革命」，造成十年的文化衝擊與震盪，甚至對小如玩具等輕工業造成了始料不及的影響。

紅色宣傳工具

1966 年 6 月 1 日，當《人民日報》發表了〈橫掃一切牛鬼蛇神〉的社論後，凡是帶有「封、資、修」（即封建主義、資本主義、修正主

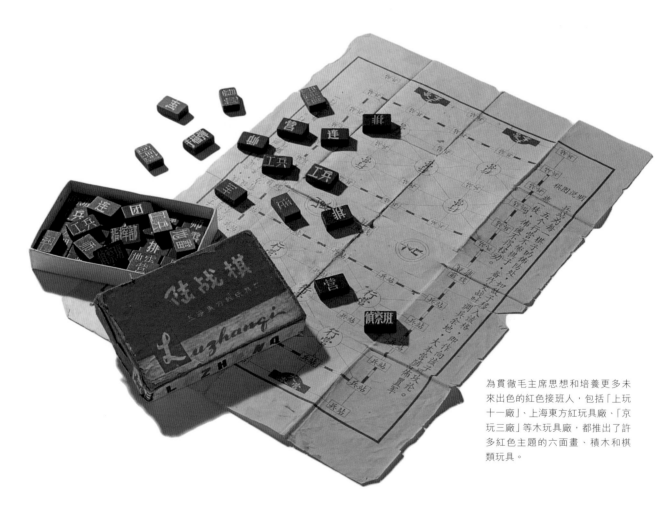

為貫徹毛主席思想和培養更多未來出色的紅色接班人，包括「上玩十一廠」、上海東方紅玩具廠、「京玩三廠」等木玩具廠，都推出了許多紅色主題的六面畫、積木和棋類玩具。

在北京推出的「紅衛兵」新建設積木

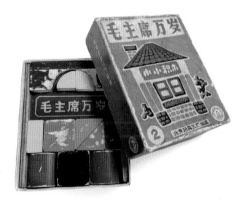

北京玩具三廠生產的「毛主席萬歲」小小積木

義）色彩的任何商品，一律停止售賣。玩具作為反映資本主義的時代產物，當然也被列為「有問題」的禁售商品，而不被允許在百貨商場內出售。但隨着積極培養全國兒童成為無產階級的紅色革命接班人的需要，各玩具廠很快就開始調整產品設計策略，積極生產提高工、農、兵的英雄形象和反映中國社會主義建設偉大成就的玩具。

在毛澤東的指導方針下，受教育者應該在德育、德智、體育幾方面都得到發展，成為有社會主義覺悟和有文化的勞動者。因此當1968年9月全國實現了「全國山河一片紅」後，玩具基本上已成為紅色宣傳「無產階級主義」的教育工具。可惜在這段「造反有理」、「老子英雄兒好漢、老子反動兒混蛋」的年代，無中生有的「扣帽子」，隨心所欲的「打棍子」，加上引用國外技術又會被污衊成「洋奴哲學」，玩具設計人員因而畏首畏尾，在「怕」字當頭下，使產品的設計開始單一化，品種減少。由於文革期間玩具主要用於宣傳無產階級的偉大，結果使中國玩具在國際間突然缺乏或甚至喪失競爭力。這對玩具出口無疑是一次致命的打擊。

文革期間，除上海和北京外，廣州也生產鐵皮玩具。右上為廣州生產的電動快艇鐵皮玩具。左下為北京玩具一廠出品的電動拖拉機鐵皮玩具。其餘為上海出品。

以八大現代革命京劇中的《智取威虎山》
和《紅色娘子軍》為題材的兒童口琴

《交通運輸》的包裝彩盒是
「上玩二廠」曲世賢老師設
計。（關於曲世賢老師的
故事詳見第八章玩具人）

背着印上紅小兵字樣的木玩具
槍（上）打「紙老虎」

北京生產的紅衛兵娃娃

此外，由於引用國外技術會被抨為「洋奴哲學」，因此國內的技術水平，突然間與國際水平拉大，而被擠出了香港市場。國內市場不斷萎縮，導致全國的玩具工業在生產規模上開始不斷收縮，質量也不斷不降。在上海方面，從 1968 年撤銷了上海玩具工業公司後，大部分產品被隨意扣上帽子而不准出售。由於出口任務減少，各玩具廠為了生存，只想轉產了事。例如，「上玩一廠」轉產電影放映機；「上玩二廠」轉產汽車電動調節器等汽車配件；「上玩七廠」轉產電子產品；「上玩八、九廠」轉產揚聲器；「上玩十五廠」轉產集成電路等。在北京方面，玩具總廠併入北京市塑料總廠，轉產毛主席紀念章、語錄牌等；北京玩具研究所亦被撤銷。在廣州方面，廣州玩具廠也轉產毛主席像章。在天津方面，文革前建立起的十間玩具廠改為汽車配件廠、機床廠、塑料製品廠等。其他地區如無錫玩具廠也於 1969 年被迫轉產，揚州玩具廠則改產電話機。可是由於技術不熟練，導致產品質量不過關，銷路無法打開。但中國當時已全面進入社會主義社會，全國各間玩具工廠均已劃歸國營，故此，以上海為首的大小玩具工廠仍能勉強維持。

「緊握手中槍，痛打美國狼」是當年流行的宣傳口號。

北京市玩具工業公司建立於文革前。文革初期遭撤銷，1973年6月1日又重新恢復建立。

❶ ❷ ❸ ❹

❺

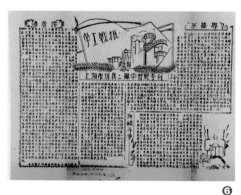
❻

致命打擊

　　1966年6月中，就在〈橫掃一切牛鬼蛇神〉的社論發表後的兩星期內，在「公私合營康元玩具廠」內出現了第一張「大字報」。9月，在一片紅衛兵的「消滅資產階級」討伐聲中，駐廠工作隊批准成立由車間幹部和6名工人黨員組成的「紅衛『康元玩具工廠』文化革命委員會」。10月，由印鐵車間的4名工人成立了全廠的第一個「造反組織」。11月，「公私合營康元玩具廠」在徵得群眾同意後，更名為「國營上海玩具二廠」，同月玩具廠內又由2名衝壓工人，在科室幹部與車間工人發展成立了「康元玩具工廠造反隊」。至12月初，廠內基本已形成兩大派造反組織。但為了貫徹毛澤東的「抓革命、促生產」的偉大號召，「上玩二廠」排除萬難，努力完成各項指標，在該年還創造出廠內有史以來的最高水平，總產值1,255萬元，比1965年增長了23.4%。

1.「上玩二廠」造反隊隊章；2. 工總司（工人革命造反總司令部／玩具公司聯絡站造反隊隊章；3.「上玩三廠」毛主席章；4. 廣州玩具廠工革聯（工人革命聯合委員會會章；5.「上玩模具一廠」半工半讀學校造反紅袖章；6.「上玩二廠」廠內辦的《學工戰報》。

文革前，福州塑料玩具廠民兵連野營於鼓山留影。

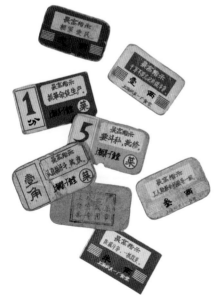

文革時期「上玩一廠」食堂專用飯票，飯票上有《毛語錄》標語。

　　1967 年 1 月，由中央文革小組成員直接參與的「一月奪權」風暴席捲上海，引致舉國大亂。由於文革小組得到毛澤東的支持與肯定，因此引起連鎖反應，並造成全國各地的造反隊紛紛起而效之。2 月，「上玩二廠」內造反隊亦開始奪權，不久就接管廠長室和秘書、總支組織和團總支的工作，至此全廠從政治到經濟突然陷入一片混亂。

　　因遭受到文革的衝擊與不正常的企業干擾，全國各大小玩具廠的生產逐步收縮。以「上玩二廠」為例，1965 年「上玩二廠」試製了 46 款新玩具，包括發條類 15 種、慣性類 6 種、電動類 18 種及其他類 7 種；到了 1966 年更試製 48 款新玩具，包括發條類 9 種、慣性類 12 種、電動類 17 種及其他類 10 種；但到了 1967 年，情況急轉直下，該年只試製 29 款新玩具，包括發條類 6 種、慣性類 15 種及電動類 8 種；1968 年，減少至 20 款新玩具；1969 年更減少至只有 4 款玩具在廣州春季交易會（簡稱春交會）中展示。到了 1970 年甚至沒有設計任何玩具。

文革時期的搪塑玩具，多以紅小兵、工人，農民等作為創作題材。

210

「上玩七廠」（原上海娃娃廠）出品的各種紅衛
兵娃娃、紅色娘子軍娃娃和女民兵娃娃等。

體現時代特徵的玩具

中華兒女多奇
志，不愛紅裝
愛武裝。

不過，事情往往總有兩面性。綜觀文革前後七年，從市場行銷的角度看，設計出來的玩具與國際脫軌，不被國際市場認同，拖慢了全中國玩具工業的發展。從技術層面看，與國際的玩具設計水平差距拉大。但從近代玩具工業的歷史和藝術的角度看，各玩具廠在文革時期所創作的各種玩具，可以說比解放前或新中國成立後的任何一個時期更具有中國特色。例如，為了把革命熱情推向最高峰，貫徹毛澤東思想，遵循毛澤東提出的「把革命氣概和實際精神結合起來」的偉大教導，上海娃娃廠的玩具設計師在創作和設計搪塑娃娃《女礦工》、《小民兵》、《紅小兵》、《白毛女》等革命形象玩具時，會深入羣眾中體驗，和紅衛兵及革命小將一起生活，和工人農民一起勞動工作，體驗勞動人民的階級感情。為了學習毛澤東要有「實事求是」的學習態度，在設計鐵皮電動玩具《萬噸水壓機》時，「上玩二廠」設計師倪巡會親自

以文革八大樣板戲中的《紅燈記》為題材的各種玩具，從左到右：1. 李鐵梅娃娃；2. 紅燈記六面畫；3. 李鐵梅鐵皮玩具；4. 李鐵梅幼兒塑料搖鈴玩具。

樣板戲《江姐》幼兒塑料搖鈴

以《紅色娘子軍》和《白毛女》現代革命京劇為題材的拼圖

文革時期以「白毛女」為題材的搪塑娃娃。《白毛女》是文革時期八套現代革命京劇之一。故事講述抗日戰爭期間，一名叫喜兒的女孩如何被漢奸惡霸欺壓，但喜兒堅強不屈，在張二嬸的幫助下，逃進深山。國仇家恨使喜兒的頭髮一夜變白，雖然如此，但喜兒的意志卻更堅定，她拿起槍桿子，參加了八路軍，緊隨毛主席，誓將革命進行到底。

以光榮八大員的售票員、保育員、坎事員、郵遞員作為創作題材的幼兒塑料搖鈴。

212

慣性《播種機》玩具是「上玩一廠」出品

發條《手扶拖拉機》是「上玩二廠」為數不多的女設計師之一張芝靈老師於 1968 年設計的，靈感來自第三版一元人民幣上的女拖拉機手。

發條《農業翻斗車》是「上玩二廠」的出品

發條《報喜車》玩具是「上玩四廠」出品。《報喜車》是另一款典型文革玩具。在史無前例的無產階級文化大革命中，毛澤東的無產階級革命路線獲得了全面勝利，全國人民雀躍萬分，當時馬路上就有許多開着「報喜車」的人民縱情歡呼，紛紛到大街小巷報喜，高呼：「偉大領袖毛主席萬萬歲！」

電動《東方紅拖拉機》玩具由「上玩二廠」工藝美術師陶理幹設計

發條《小孩打槍》玩具是「上玩二廠」的出品

跑到上海江南造船廠去參觀訪問，按照實際形象設計，使《萬噸水壓機》鐵皮玩具更富真實感。為了了解未來紅色接班人的需要，設計師會學習「老三篇」為人民服務精神，到托兒所和兒童生活，了解他們的愛好。用當年的話説，無產階級文化大革命把中國玩具工業推進一個嶄新的階段。「上玩二廠」從 1968 年開始，雖然業務不斷下降，設計的產品從商業上看又非常呆板，但產品卻宣揚了無產階級的偉大精神。例如《紅旗牌轎車》、《解放牌汽車》、《海燕牌轎車》、《農業反斗車》、《小孩打槍》、《解放牌起重車》、《殲擊機》、《東方紅拖拉機》；「上玩四廠」設計的《再生農奴》，還有電動《新安江水電站》、發條《紅燈記》、木質《打紙老虎》、《紅色娘子軍拼圖》等，都是一個大時代人與物的縮影，高度體現無產階級文化大革命的時代特徵。

北京作為全國的政治文化中心，在文革期間所生產的玩具也具有非凡的影響力。上圖第
二排從左到右的三件「毛主席萬歲」小鐵皮玩具車均為北京出品。其餘的為上海出品。

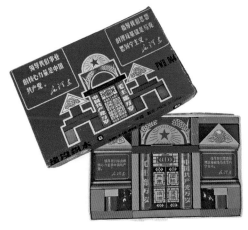

各種帶《毛語錄》標語的兒童積木

1964 年，毛主席提出「工業學大慶」。1966 年，大慶煉油廠原油加工能力達 300 萬噸，成為全國最大的煉油廠。

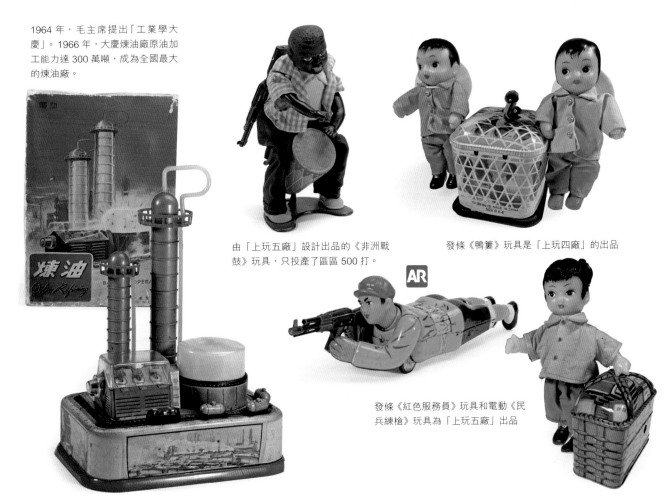

由「上玩五廠」設計出品的《非洲戰鼓》玩具，只投產了區區 500 打。

發條《鴨簍》玩具是「上玩四廠」的出品

發條《紅色服務員》玩具和電動《民兵練槍》玩具為「上玩五廠」出品

打"四人幫"

打倒「四人幫」標誌着十年文革的結束

文革後的玩具工業發展

進入七十年代，也就是文革後期，中國第一顆人造衛星終於發射成功，中華人民共和國亦於 1971 年恢復了在聯合國的合法地位，此時中國玩具工業在輕工部、外貿部、商業部等的支持下重新緩步發展起來。1972 年，上海市人民政府重新恢復了上海市玩具工業公司建制，並積極開拓對外貿易。在周恩來總理的「洋為中用」最新指示下，除「上玩二廠」的玩具設計人員利用鐵、塑組合，或與電子技術相結合，試製《聲控爬娃》、《磁控獅子戲球》和《無線電遙控坦克》等高檔玩具外，「上玩一廠」、「上玩八廠」和「上玩十五廠」也有新產品面世。而北京也在翌年恢復建立北京市玩具工業公司。美國總統尼克遜（Richard Nixon）於 1972 年訪華，為中國玩具在國際市場上再度活躍創造了新的有利條件。加上當年國際市場出現「熊貓」熱，揚州市玩具廠開發的電動熊貓玩具，得到了許多外商歡迎，在春交會上為國家創匯了 11 萬 6,000 美元。1973 年後，江蘇省的金屬玩具和塑料玩具也逐步發展。南京市印鐵製罐廠開始生產鐵皮小汽車、小手槍。南通市玩具廠生產搪塑民族娃娃出口。還有天津、武漢、重慶等地，也逐步恢復和發展。

踏入上世紀七十年代，在周恩來總理「洋為中用」的最新指示下，玩具不僅鐵塑結合，並且配合電子技術，試製出《磁控獅子戲球》等高檔玩具，使中國玩具工業再次進入國際市場，重新得到肯定。圖中這款電動磁控《獅子戲球》玩具是由「上玩二廠」（前上海康元玩具廠）的工藝美術師包光舜設計，於 1973 年秋交會上展出。

216

全國玩具展覽會紀念品

全國玩具展覽會的宣傳單和入場券

全國玩具展覽會展覽章

　　1976 年，當粉碎了「四人幫」反革命集團後，以上海為首的中國玩具工業更是迅速發展起來。為了匯報中國玩具行業在毛澤東革命路線指引下所取得的成就，輕工部於 1977 年在北京中國美術館舉辦了「全國玩具展覽會」。展覽會的展出面積近 2,000 平方米，全國 23 個省共二百多家企業參加，分五個館展出了包括鐵皮、木製、毛絨、塑料等四千多件產品。此次展覽共接待了五十多萬觀眾人次，其中包括接待了九十多個國家駐華使館、訪華外賓、外國專家及國際友好等 8,500 人次。展覽期間，全國的玩具行業主管及企業代表到北京總結交流玩具生產方面的經驗。香港新風玩具公司老闆周樸、業務經理高文崧等人亦受邀介紹國際玩具市場的情況，為促進中國玩具適合國際市場需要、進一步擴大出口作出了貢獻。七十年代末，鐵皮玩具的生產總值已回升至近 7,000 萬，比文革初期的總值翻了一倍多；木製玩具的增長約百分之三十；布絨玩具、童車等的增長和鐵皮玩具相若；而塑料玩具的增長卻非常快速，已達兩倍以上，近 1,800 萬的產值，再加上其他玩具產品，玩具的總產值已近 2 億。至此，中國玩具工業從低谷中走出來，重新進入國際市場，再次得到肯定和發展。

上世紀八十年代宣傳畫：長大了保衛祖國。

第七章

改革開放後的上海玩具工業
(1977-1980`s)

好祖母

　　七十年代末，上海市手工業局局長胡鐵生在增產節約經驗交流大會上，提出了「新字當頭，把品種搞上去」的戰鬥號召，加上上海市革委會工業辦公室最終批覆同意將「上海玩具工業公司研究室」擴建為「上海玩具研究室」這兩個好消息，重新鼓舞了廣大的玩具從業人員，為上海玩具工業的發展及促進生產的現代化重新上馬。

　　雖然文革剛結束不久，但為了貫徹胡局長所提出的號召，增加玩具出口換匯及支持祖國「四個現代化」，各玩具廠拿出了革命幹勁，努力學習，決心改變過往十年玩具生產的落後面貌，如向陽玩具廠的設計人員通過動物的造型和色彩的變化，增加了長毛絨玩具的品種，而「上玩八廠」則利用鐵、木、塑的結合，重新設計出國內外市場受歡迎的木質玩具。

上世紀八十年代北京出品的
《琴不倒》娃娃

文革結束後，童車產量比 1966 年增長近一倍。從 1967 年至 1978 年，僅上海一市就生產了
300 多萬輛童車，出口接近 300 萬輛。在工藝上，童車車胎製造也從簡單手工操作、煤爐加熱
發展到自動硫化，實現了電氣化和機械化生產。圖為兩款由其他城市生產的兒童腳踏汽車。

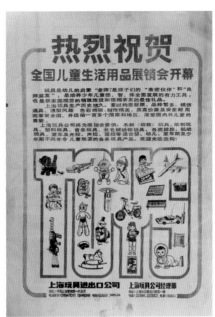

1982 年《全國兒童生活用品展銷會》開幕報章廣告　　上世紀八十年代宣傳畫：幸福安康

1. 廣州玩具廠出品的大廈儲蓄箱；

2. 石獅塑料工廠出品的唐老鴨練單槓塑料玩具；

3. 上海出品的兒童鐵皮雞屋造型枱曆；

4. 上海出品的鐵皮電動《小妹踏車》玩具，出口編號為 ME844。

八十年代中國玩具工業加快發展

　　隨着時代與科技不斷進步，踏入八十年代，歐美各國的玩具新品種每年都不斷湧現，不但有專供兒童玩的簡易玩具，也有較複雜供成年人消遣的高科技玩意，如電視遊戲機等。為了促使中國玩具工業加快發展，迎頭趕上國際水平，擴大出口銷售渠道，在 1980 年 1 月，國務院批准上海市玩具工業公司與中國輕工業品進出口公司上海分公司玩具部合併，成立工貿合一的聯合企業，定名為「上海玩具公司」。成立後的「上海玩具公司」，由於工業與外貿緊密合作，工廠與外銷渠道暢通，有利於工廠掌握國際市場的訊息和玩具情報。為了貫徹落實中共中央 1981 年 5 月 16 日關於「全黨全社會都要加強和做好兒童少年

工作」的號召和進一步開拓市場，全國兒童生活用品委員會又於 1982年六一兒童節，在北京舉辦了「全國兒童生活用品展銷會」。此次展銷會共接待了八十多萬人次，銷售現貨 189 萬 5,000 元，成交期貨 217萬 9,000 元，實現了加快推動中國玩具的生產和發展的目標。1981年 10 月 5 日《北京日報》一篇題為〈本市兒童玩具產量增長近百分之四十〉的報導，說明了當時的市場銷售情況：

> 為增產市場緊缺的兒童玩具，市玩具工業公司所屬各廠
> 千方百計克服困難，使生產大幅增產。全公司一至八月份的
> 工業總產值和產量比去年同期分別增長 27.3% 和 39.3%。
>
> 市童車一廠與社隊搞聯合，利用社隊閒散勞力加工配
> 件，騰出廠內技術力量主攻重要配件，現已完成全年生產計
> 劃的 98.6%，比去年同期增長 103%；市童車二廠和市玩具
> 八廠認真貫徹經濟責任制，激發了群眾生產積極性，現已分
> 別完成全年生產計劃的 91.6% 和 73%；市玩具三廠發動群眾
> 民主管理企業，現已完成全年計劃的 82.1%，比去年同期增
> 長 50% 以上。市玩具一廠、玩具六廠生產的機動玩具和汽
> 槍、積木等產量也比去年同期分別增長 23.5% 和 39.8%。另
> 外，各廠還積極設計生產了五十多種新產品，其中不倒琴娃
> 娃和吹氣玩具類中的聖誕老人、卓別林、怪人，還有 81 式
> 手汽槍、三光圈相機和各種智力玩具等，很受群眾喜愛。

只是銷量雖然逐步上升，但在質量和設計上，中國玩具和先進國家、地區的產品相比，差距仍然很大。由於一場史無前例的大革命，使到整個玩具工業相對來說後退了十多年，產品還停留在仿製水平，而設計品種也跟不上需求。據香港地區的新風玩具有限公司 1982 年的統計，中國玩具在新風玩具公司登記的 1,539 個品種中，新品種只佔 266種（17%），而暢銷品種只有 61 種（4%）。1982 年中國玩具在香港地區的銷售量已下降 1%-1.5%，由 1965 年在香港地區銷量的第二位下降至第七位以後，香港地區有三分之一以上的國貨公司不願再銷售中國內地的玩具，而改銷台灣地區的玩具。

1. 「上玩七廠」出品的時裝娃娃；
2. 北京小喇叭玩具廠出品的塑料娃娃；
3. 北京玩具一廠出品的塑料《狗廚師》電動玩具；
4. 上海光學塑料玩具廠出品的塑料摔交手；
5. 福州華閩塑料廠出品的「WEE WEE 小孩小便」搞怪整人玩具；
6. 北京玩具四廠除了生產木製玩具，也生產塑料玩具。

金屬玩具式微國營廠調整策略

八十年代初期，金屬玩具在世界玩具市場已開始走下坡，取而代之的是塑膠製星球大戰（Star Wars）等系列玩具和長毛絨玩具。各上海金屬玩具廠開始調整策略，或採取鐵塑結合，或轉型投注研究、開發、製造塑膠玩具，全力提高市場的競爭力。從 1980 至 1982 年，「上玩二廠」集中生產中低檔「鐵塑結合」新產品，如智力拼版、彈子遊戲、熊貓跳繩、爬娃、電動玩具《開門警車》等。《開門警車》推出市場後，得到市場極大的迴響，不僅如此，《開門警車》還獲得全國旅遊產品內銷工藝品「希望盃」獎、上海玩具進出口公司頒發的「創優產品一等獎」；1985 年又在上海「六一兒童用品產銷會」上被評為「上海市最佳產品」；1986 年再被評為「上海市優質產品」。1983 至 1984 年，「上玩二廠」開始生產高中檔、有智慧和針對兒童心理的玩具，如電動狗、微型轎車、醫療玩具、兒童樂園、小花狗等。

各種上世紀八十年代的典型鐵、塑結合新式兒童玩具。

浙江鎮海玩具廠生產的發條單槓運動玩具

　　除「上玩二廠」外，其他如「上玩五廠」的《熊貓吹泡泡》電動玩具、「上玩七廠」的 50 公分《民族娃娃》搪塑玩具，和其他玩具廠所生產的《小鋼琴》、《六面畫積木》、《電動照像汽車》、《電動衝鋒槍》、《紅花牌童車》等，也先後被評為「上海市優質產品」。「上玩九廠」設計師朱宏恩[3] 所設計之玩具，也於 1982 年在創新設計行業競賽中獲頒「個人壹等獎」。1984 年，「上玩二廠」王統一設計的《六一火車頭》玩具，被評為「全國輕工業優秀新產品」。1988 年，「上玩八廠」袁文蔚、「上玩一廠」王尚達[4] 等六人被授予「中國工藝美術大師」榮譽稱號。1989 年，包括「上玩一廠」王尚達共 115 位設計人員被授予「特級優秀設計人員」稱號。

3　WP183 木製拖拉玩具《木馬人》的設計師。
4　ME630 鐵皮《電動照相汽車》的設計師。

1987 年底，由上海電視台翻譯的美國動畫片 Transformer（《變形金剛》）動漫片開始正式播放。而獲正式授權的變形金剛玩具也隨之進入國內市場。據報導說，當年全國兒童為之瘋狂，在經濟能力許可下，父母都想為孩子買一個「變形金剛」玩具，導致各大百貨商場擠得水洩不通。圖中的木製「變形金剛」打分遊戲玩具和「變形金剛」探險棋則是不獲授權的國產版玩具。

將軍和士兵由「上玩二廠」工藝美術師王統一設計，關於設計師故事可參閱第八章「玩具人」篇。

《鐵臂阿童木》是中央電視台於 1981 年引進國內的第一部日本動漫片。由於推出後深受全國兒童歡迎，不少國營玩具廠推出了帶「鐵臂阿童木」形象的玩具，如北京出品的阿童木塑料玩具；上海出品的木製「鐵臂阿童木」打分遊戲玩具、阿童木鐵皮發火槍、搪塑阿童木、茶之水博士和鬍子先生等人物玩具，還有許多帶阿童木形象的產品如鉛筆盒、臉盆、水壺、餅乾罐和搪瓷杯等。

1. 阿童木畫片：

2. 阿童木是八、九十年代中國
   兒童喜愛的動漫人物之一
   （圖中拍攝人物背後是阿童
   木吹氣玩具）；

3. 阿童木多款卷糖包裝紙。

《黑貓警長》改編自諸志祥老師的原著小說。戴鐵郎老師導演的國產動畫片，於 1983 至 1987 年間，共推出了五集系列，是上世紀八、九十年代出生的中國兒童的美好回憶。圖中的黑貓警長玩具分別有：1. 搖頭黑貓泥玩具；2. 由上海康元玩具廠設計並生產的鐵皮電動黑貓警車玩具，編號 ME096；3. 鐵皮發條黑貓警長騎馬；4. 黑貓警長鐵皮手槍；5. 印上黑貓警長圖案的小兒痱子粉；6. 黑貓警長手工立體書。

《忍者神龜》是 1984 年出版的一本美國漫畫。1987 年播出同名動畫劇集。1990 年引進到國內。圖中神龜拉斐爾鐵皮電動玩具車是上海康元玩具廠出品。

上世紀八十年代中期後，除上海、北京、廣東外，其他如湖州、成都等城市也成為中國玩具工業的新力軍。

《聰明的一休》是日本東映動畫出品的動畫片，1975年在日本播出。1983年由引進中國。圖中是北京玩具一廠出品的一休塑料發條玩具。

圖中各種濟公玩具，是以上世紀八、九十年代中國演員游本昌老師主演的神話電視劇《濟公》為題材的周邊產品，分別有濟公電動玩具、濟公兒童水壺、濟公布袋木偶、濟公吹氣玩具，和濟公發條玩具。

❶　❷　❸　❹

繼 1982 年 2 月 6 日成立的北京玩具協會，和 1982 年 7 月 10 日由輕工業部工藝美術公司、北京兒童少年福利基金會、北京玩具協會籌建的「北京玩具中心」成立後，為了推動中國玩具工業振興，協調全國玩具行業的生產發展及加強與各有關部門的協作配合，中國玩具協會於 1986 年 7 月 13 日在北京正式成立。同年，輕工業局發出了《輕工業「七五」發展計劃綱要》，正式確定玩具為全國輕工業 11 個重點發展產品之一。

在國家改革開放政策的指引下，鄉鎮玩具企業在八十年代中期後異軍突起，成為了中國玩具工業的新力軍，例如廣東南海縣美聯玩具廠、東莞茶山服裝玩具廠、江蘇揚州樂凱玩具廠、舟山工藝美術廠、福州工藝美術玩具廠等。還有紡織、軍工、電子等部門也積極發展玩具生產。另外，香港營運成本不斷上漲，許多香港玩具廠開始北上廣東一帶發展，廣東等沿海地區漸漸變成全中國的玩具工業中心，使「上海玩具」這塊老牌子黯然失色。但上海的玩具出口貿易還是不斷擴大，只是品種不再是金屬玩具，取而代之是以長毛絨玩具、塑膠玩具和童車為主。

1. 九十年代的「上玩一廠」產品目錄；

2. - 4. 九十年代上海申聯玩具廠的產品目錄；

5. 九十年代「上玩十九廠」產品廣告。

❺

232

上海環球塑膠玩具有限公司廣告

上海環球玩具產品資料集

上海環球於上世紀九十年代出品的鋅合金玩具

　　1984年，上海玩具進出口公司利用外資引進設備、技術，設計新品種，結合了公司現有玩具生產基礎，和香港環球集團有限公司合資成立了「上海環球玩具有限公司」，生產鋅合金小車模玩具。而隨着市場的發展，塑膠玩具將作為中國玩具未來的重點發展產品。於是，香港環球集團有限公司在1987年，又和上海進出口公司達成協議，合資開辦生產塑膠玩具的中外合資企業。經過兩年籌備，於1989年2月1日正式成立，定名為「上海環球塑膠玩具有限公司」，生產塑膠玩具，進一步擴大了中國塑膠玩具的創匯能力和填補國內玩具空白。

　　中國玩具工業隨着國民經濟不斷發展，外貿變得越來越蓬勃，內銷也不斷擴大。而內銷擴大的同時，顧客服務也變得越見重要。市百七店玩具部開始自發制定維護消費者利益的措施。玩具部在玩具進貨時都會先作質量檢驗，防止次劣商品上櫃，對於電動玩具等產品當場試驗性能。若顧客反映玩具質量問題，玩具部會負責與生產單位聯繫修理或酌情給予更換，務求讓顧客滿意。

廣東取代上海成玩具生產基地

　　進入九十年代，中國玩具工業基地已從傳統的上海、北京轉移至廣東、福建、江蘇、浙江、山東等地區。特別是廣東省，1995 年的玩具產量已達 174 億 4,000 萬元，佔全國玩具總產量的 53%，不僅一躍成為全國玩具生產供應基地，也成為了世界玩具生產供應的重要基地。而上海和北京卻分別降至第五和第九位。

　　回顧中國近代玩具的發展史，如果從清末光緒年間由上海商務印書館製作第一套兒童遊戲方字發展算起至今天二十一世紀，上海玩具工業已走了足足 100 年，橫跨了清朝、北洋時期、國民黨時期、抗戰時期和新中國的成立，如同一部時代放映機，記錄並見證了每個大時代的變遷與改革。

　　曾經佔據中國玩具工業半壁江山的上海，肩負着光榮而艱巨的歷史使命，在中國加入世界貿易組織後，重新出發，為未來祖國的兒童事業作出更大的貢獻。

全国儿童玩具展览巡视

「上玩二廠」玩具人（從左到右）：王統一（工藝美術師）、鄭昌祈（工藝美術師）、孫萬紅（造形設計）、何關善（設計科科長）。

第八章

玩 具 人

　　玩具反映了一個國家和一個民族的文化；而玩具工藝美術師、造型師、美工師、工程師、開模工、噴漆工，甚至玩具收藏家等玩具人，應該是用來衡量一個國家的玩具發展水平而受到重視。然而，除了近代的潮流玩具設計師受到關注外，上一代玩具設計師或相關從業員卻鮮有人或媒體提及。雖然，百年來的中國玩具工業以仿製居多，但我們必須肯定，因為有上兩代玩具人在解放前的共同努力和付出，才有新中國的現代玩具工業，才有上世紀六十年代，中國玩具在香港地區銷售量排行第二的榮譽。到了文革時期，雖然中國玩具的設計與國際脫軌，外銷訂單減少，部分玩具廠甚至必須改變生產方向，不再生產玩具，許多優秀玩具設計師也改行設計其他東西，從商業角度看，這無疑是失敗的，並直接導致整個玩具行業倒退十多年，但從另外一個角度看，也因為在創作上帶有紅色目標的時代背景，而使這時期的中國玩具變得鮮明而且特殊。

綜觀世界的玩具博物館或有關玩具收藏類的書籍，大多以陳列、展示玩具藏品或介紹玩具廠歷史為主。但從玩具史的發展來說，除了工業發展外，玩具設計師、美工師等也是非常重要的部分。由於我過去修讀的專業是商業美術，也就是現在的平面設計，所以當我在八十年代末進入玩具收藏領域後，特別想知道更多關於每件玩具背後的設計者故事。只是，由於當時在新加坡工作，沒有辦法進一步到上海了解和發掘這方面的材料。一直等到十年後的 1998 年，我放棄了從事十多年的平面設計師工作，轉而嘗試玩具設計和玩具生產[1]，也因為這個被父親責為「玩物喪志」的夢想，我才有機會在上海接觸像「上玩二廠」王統一老師這樣優秀的玩具工程師，而且進一步有想把他們的經歷記載下來的具體想法。可是當時正忙於開拓自己的玩具事業，再加上開始着手編寫初版《中國小玩意》，我需要把更多精力投放在搜尋老玩具和史料上，使我無法持續發掘他們的故事。

2007 年，個人的《小玩意‧大意義》中國玩具珍藏展在香港旺角新世紀廣場順利展出。在玩具展期間，我認識了香港商台《十八樓 C 座》節目的監製馮志豐先生，由於我倆同是玩具發燒友，一見如故。在他提出想拍一部關於玩具故事的記錄片時，我們一拍即合，並在當年 9 月結伴到上海，展開了老玩具尋根之旅，同行的還有兩位美國朋友。經王統一老師引薦，我們很幸運認識同是「上玩二廠」的鄭昌祈老師（電動鱷魚、青蛙的設計師）、倪巡老師（電動萬噸水壓機的設計師）、王志芳老師（廠長）、曲世賢老師（美工；許多「上玩二廠」的玩具包裝設計均出自他手），還有「上玩九廠」的朱宏恩老師（木馬人的設計師）等人。當他們知道我們的想法後，不僅全力配合我們的拍攝工作，也分享了許多他們進廠後的故事和在文革時期的經歷，而王統一、曲世賢和朱宏恩等老師還無償把他們過去在行業中獲獎的證書、個人玩具廠工作證和聘書等相關珍貴史料贈予我收藏。我和馮志豐先生一行五人，外加一名攝影師兼收音師，在上海呆了兩星期，共訪問了包括商務印書館張元濟之孫張人鳳等 12 人，尋訪了包括上海濟良

1　關於這段故事的前因後果將會在我下一本書與讀者分享。

所、上海康元製罐廠、上海魏順記玩具廠、上海新藝玩具廠、大中華賽璐珞廠和南京路兒童玩具商店等十幾處地方的遺址，共拍了九卷帶子，計劃剪輯成一個小時的紀錄片參加比賽。我原以為通過記錄片的傳播，可以比文字更真實和直接地讓更多外人了解行內玩具人背後默默付出的許多故事，只是很遺憾的，由於拍攝過程中收音效果不理想，最終未能把這部花了百多小時拍攝的玩具紀錄片剪輯成功。

十年匆匆又過去了。從構思把老師們的經歷記載下來開始，到今天已近四分之一世紀了。我也從靦腆少年變成了知天命的大叔，但是心裏的那個想法依舊還是個想法，讓我汗顏。當我為十年前初版《中國小玩意》作最後修正時，也曾試圖想把老師們的故事收錄在內，只是當時《中國小玩意》的出版是作為我個人《小玩意·大意義》中國玩具珍藏展中的一本紀念冊，策展人覺得把設計師故事放進去意義不大。而且，從拍板決定舉行展覽至正式展出，我只有不到半年時間籌備。在這半年內，除了每天花大量時間挑選拍攝藏品，與日本攝影師吉澤清先生討論藏品該如何拍、以甚麼角度拍外，還要快速完成《中國小玩意》中未寫好的文革篇和改革開放篇。同時，還要花大量時間挑選適合運到香港地區展覽的展品，並且和義工把展品一件件小心打包好；另外還需策劃博物館展品外借這段期間，博物館需要舉辦甚麼替代展覽。當然，還需花精力應付每天在博物館內的大小瑣碎事。所以，又一次把想法擱置了。

心裏其實非常清楚時光荏苒，所以為了加快步伐完成心中這份執念，2016 年已重新拿起筆桿，把我知道的一些故事和資料重新整理。但在整理過程中，得知許多老師已經不能再和我面對面回憶經歷時，這對我來說無疑是種無法挽回的遺憾。雖然遺憾已成事實，但記錄業界餘下老師們的故事還是必須持續，然後就等待一個可以說故事的機會。2017 年年初，當知道香港商務印書館有興趣再版我十年前的《中國小玩意》時，我立即把這個想法和商務印書館的總編輯溝通，並且順利獲得通過。我對於自己的堅持心生感動，因為終於有機會讓外界通過新版《中國小玩意》進一步了解老玩具背後的小故事。我快速列出採訪名單，和老師們約定拜訪時間，然後提問題，回家再整理手上原有資料，希望通過我對老師們的印象描述，讓行外人較立體的了

解上一代設計師或玩具人的點點滴滴，而不是僅止於一般書木對人物的生平介紹。雖然，當中一些玩具人已經離世或已出國定居了，但還是可以通過一些史料側面了解這些設計師的過去。只是較遺憾的是，由於時間和篇幅有限，未能把所有優秀玩具人包括在內，只能寄望下次再版時再臚列進去。

黃均如 (1940 - 2016)
上海玩具二廠廠辦 / 康元廠廠史編寫員

　　黃均如老師不僅是我的啟蒙老師，也是我進入玩具收藏天地後認識的第一個玩具人，或許更確切地說應該是第二個人，因為當年是通過上海玩具二廠單茂泰廠長引薦後才認識黃老師的。

　　故事源於 26 年前 1991 年 12 月的一次淘寶之旅，我帶着一筆不清楚是否足夠的儲蓄，再次重遊馬來西亞檳城。當我來到店主置放老玩具的閣樓時，一眼望去，從地上、桌上、貨架上和箱子內都擺放着各國各式的大小鐵皮玩具。有英國製造的鐵皮汽車、日本製造的鐵皮太空船和太空火箭，也有中國製造的各式鐵皮玩具等。那天我在他店裏呆了一個下午，挑選了近三十款老玩具，已把帶去的近 5,000 元新幣差不多花完。臨離開古董店時，發現一個小紙箱。打開一看，裏面除了些帶原包裝盒的日本製鐵皮玩具外，有一盒玩具吸引了我的注意，那是一款編號 ME057、非常漂亮的國產電動鐵皮宇宙坦克（Universe Explorer）玩具。吸引我注意的並不是玩具本身，而是印在彩盒邊上的 11 個中文字——中國上海康元玩具廠出品。

　　那是我第一次知道上海有一間叫「康元」的玩具廠。因為在這之前沒有任何國外玩具收藏家寫過或研究過關於這間玩具廠的故事和歷史，所以對我來說，康元玩具廠背後的故事充滿了神秘感，我非常渴望知道這間玩具廠的一切。而從發現康元玩具那一刻開始，不僅改變了我後來的玩具收藏方向，也開始了我和黃均如老師長達了四分之一世紀的友誼。

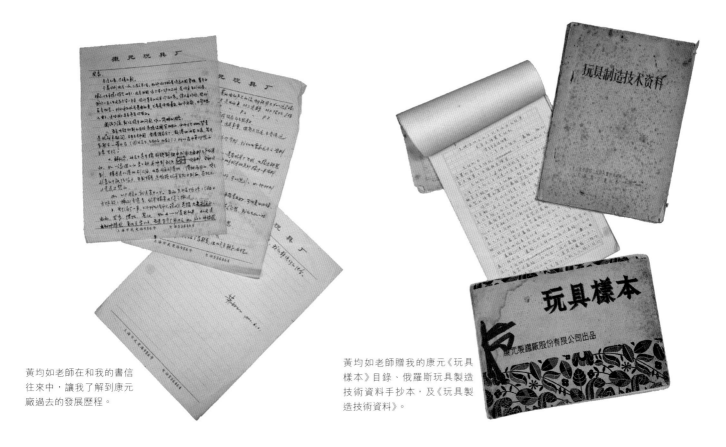

黃均如老師在和我的書信往來中，讓我了解到康元廠過去的發展歷程。

黃均如老師贈我的康元《玩具樣本》目錄、俄羅斯玩具製造技術資料手抄本，及《玩具製造技術資料》。

1992 年 4 月，我暫時放下了身邊的工作，帶着一串「疑問」的心情，第一次踏上上海的玩具尋根之旅。我在抵達上海第二天的上午，在下榻的南京飯店和康元玩具廠（即「上玩二廠」）的單副廠長碰面。當天是五一勞動節，由於是公共假期，工廠休息。碰面當天，單副廠長很客氣地詢問了一些關於新加坡的經濟和就業情況，接着約定第二天到玩具廠參觀和與編寫康元廠廠史的黃均如老師會面。

第二天吃過早飯後，我就直奔玩具廠去。康元老廠房建在靜安區武定路 956 號。出租車從南京路出發，經福建中路，轉入北京東路，約 20 分鐘就到了膠州路武定路路口。在一位賣菜阿姨指點下，我順利找到玩具廠。出口處是兩扇約兩米高的深色鐵製拉門。門邊上有個小倉庫，地上放着不下五、六十隻鐵皮《母雞生蛋》電動玩具。當時我不敢貿然踏進廠房，猶豫之際已有工人注意到我，詢問我的來意後就邀請我入內，並告知單副廠長早上不在單位，不過黃均如先生馬上

會來接待我。踏入廠房後，我看到一個二百多平米的弄堂，左右有通道。右通道是一排排車間，第一個車間非常大，好像是放機床的。左邊堆滿貨物，估計是儲存鐵皮玩具的大型倉庫，順着往上看，是一排排房間，估計是廠長、生產科和技術科工人的辦公室。

在我等待黃均如老師時，已有多名工人圍着我上下打量，當他們知道我是為了老玩具尋根而來，還覺得挺有意思的。因為對他們而言，生產玩具只不過是為了生活而幹了半輩子的活，他們從沒想過在世界另一角落，會有那麼一個 27 歲的年輕人，竟然以收藏玩具為樂，而且竟然是為了追尋上海玩具史而特地跑到上海來。就在我靦腆不知所措時，黃均如老師出現了。

黃均如老師個子不高，面容和善。那次雖然是我倆第一次碰面，但感覺非常親切自然。我們互相握手問好後，黃老師就領我去他位於三樓技術科的辦公室。黃老師為我泡了一杯茶，就開始與我分享他為康元廠編寫廠史的過程、康元廠的種種歷史故事和發展，同時也告訴我他個人的一些背景，例如他家裏在解放前是開當店，在家中排行老三，喜歡作詞寫曲等。而我則告訴黃老師我想在新加坡辦第一次古董玩具珍藏展和成立中國第一家玩具博物館的想法。聽完我的想法後，黃老師不斷鼓勵我，並且告訴我他也有同一夢想，真心希望未來國家能有一家真正屬於自己的玩具博物館。

在我臨離開上海的前一晚，我再次拜訪黃老師。臨別時，黃老師贈送我一份非常珍貴的禮物——三十年代上海康元製罐廠的玩具產品目錄。目錄中臚列了二十多款解放前康元廠出品的發條鐵皮玩具和非發條類如鐵皮六面畫、鐵皮搖鼓等玩具。每頁一件，非常清晰看到每件玩具上都有一個帶飯的碗和一雙筷子的圓形康元商標。那是我第一次知道原來上海康元廠早在解放前已生產鐵皮玩具。由於黃老師不吝相贈目錄，最終奠定了我的玩具收藏方向，並開始了漫長的中國玩具收藏之旅，也堅定了我想要開辦世界第一家「中國玩具博物館」的信念。

王統一（1945 - ）

上海玩具二廠工藝美術師

應該怎樣描述王統一老師呢？

若以比較官方的説法，可以作以下介紹：王統一，回民，1945 年出生，那年正值抗日戰爭統一戰線全面勝利，所以取名「統一」。出身地南京，八個月大時，全家從南京移居上海。父親是國民黨縣團級幹部。1963 年 12 月 25 日被招進上海玩具二廠，進入技術科設計組，跟隨馮富根老師學習敲工[2]。藝成後設計過許多經典產品，如 ME777《宇宙電視車》、ME699《救火指揮車》、ME791《閃光汽車》、ME836《卡通河馬》等。1984 年，王統一設計的《六一火車頭》玩具被評為全國輕工業優秀新產品。1994 年，另一件玩具作品《高架救火車》，榮獲創新設計三等獎。

王統一老師設計的 ME777
《宇宙電視車》

我 20 年前創作的 Skiing Golly（黑人滑雪）鐵皮玩具設計圖

2　敲工是鐵皮玩具行業中一種基本的手工作業，實質就是按照玩具設計師的設計圖紙，用手工的方式把產品實樣做出來。由於產品實樣對日後玩具的生產開模有特別重要的參考價值，而且通過實樣的製作過程，了解到今後在生產模具、衝製、印刷、裝配等一系列問題，可避免或減少在生產中可能出現的問題，故此，敲工不僅是基本，而且在整個製作鐵皮玩具的工序上是非常重要的一環。

而對我而言，王統一老師不僅是玩具工藝美術師，也是和我相交近 20 年的老師和朋友。若把黃均如老師比喻成我的左臂，那王統一老師則是我的右臂，他們倆一文一武在我「摸着石頭過河」的不斷探索中國玩具之路上，給了我很大的支持與鼓勵。

我和王統一老師的友誼始於 1998 年一個被父責為「玩物喪志」的夢想。在我 1997 年人生第二個玩具展結束後幾個月，我坐在辦公室發呆，想着我未來的人生，總是有那麼一點不安與壓力。突然眼睛瞄了下放在桌上的一件老玩具，心中一亮，就是它了！鐵皮玩具——我未來的玩具人生。我把想法告訴了父親，竟然被責「玩物喪志」。1998 年，我放棄了設計師工作，帶着一個未經深思熟慮的玩具夢和一張玩具設計圖紙，從新加坡再次飛到上海，拜訪上海康元玩具廠。匆匆一別六年，康元玩具廠還是原來的康元玩具廠，但場景已從武定路換至陳家宅路了。

王統一老師的「上玩二廠」工作證

和王統一老師初次見面是在康元廠三樓的會議室兼樣品間。印象中，會議室面積約有五十平米，中間放着一張偌大的長桌，進門右邊靠牆的是放置樣品的樣品櫃，左邊靠牆是張長沙發。當天早上和我開會的，除了王統一老師以外，還有技術廠長、技術科科長、工藝科等相關人員。王老師當天穿一件藍色長袍工作服。和王老師握手問好後，廠長就介紹説：「王統一將會是負責我產品項目的設計師，會先由他把我的設計概念做成石膏小樣待我確認。」由於鐵皮玩具是由許多零部件組合而成，為了減少後期模具生產上的問題，所以在確認好玩具石膏小樣的大小尺寸和造型後，第二步就是用手工方式做一個帶機芯動力的銅皮玩具實樣。工序是先翻出玩具各部分的零部件的石膏模，再做鉛模，經修整後再用延展性好的銅皮依鉛模樣子，把各部件慢慢敲打成型。最後把各零部件組合起來，放進設計好的內臟機芯，再交由美工畫上客戶指定的設計圖案和上顏色，實樣就大功告成。待客戶確認後，再交由工藝科的人員估算模具[3] 的生產數量。

王統一老師的獲獎證書

可能我和王老師同是搞設計專業，所以那天開會我們聊起來特別

---

3 生產一隻鐵皮玩具，一般需要六、七十副至兩百多副模具不等，視乎產品的大小和動力要求。

投緣。王老師不厭其煩地告訴我鐵皮玩具的製作工藝，不僅讓我第一次知道鐵皮玩具從設計到批量生產，需要經過複雜的製作工序，也讓我從一個單純的玩具收藏者，通過第一次生產自己品牌的鐵皮玩具，接觸到老玩具背後的設計人員。我開始萌發了把王老師的經歷記載下來的想法。老師從 18 歲進康元廠為了單純謀生糊口，到對鐵皮玩具產生感情；從開始仿製外國玩具，到成為康元廠的原創工藝美術師；從文革時期設計的電動毛語錄，和其他設計人員共同努力為毛主席製作生日禮物《閃金光》，到設計出銷量創佳績的救火指揮車、大型廚房用具，和被評為全國輕工業優秀新產品的《六一火車頭》等，至今天雖然已經歷了 54 個寒暑，但從來沒有想過要離開他熱愛的鐵皮玩具行業。

他作為新中國鐵皮玩具發展歷史的見證者之一，從他細小的眼睛，已可看出他對鐵皮玩具的激情。他曾經在媒體採訪中說過這段讓我感動的話：「我阻止不了歷史的進程，也不能左右鐵皮玩具的命運，但是儘量幫助那些對鐵皮玩具有興趣的年輕人，至少可以把這個東西延續下去，讓後代知道我們的鐵皮玩具曾經輝煌過。」我知道我無法達到王老師這樣的思想高度，但老師的想法卻和我不謀而合，所以過去許多年，我一直努力向王老師學習，通過自己的激情感動更多年輕人喜歡鐵皮玩具。而我作為新一代的鐵皮玩具製作人，也不斷努力製作並生產更多有趣和適合年輕人的鐵皮玩具。因為我知道，只有這樣鐵皮玩具才有未來，才能不斷延續下去。

王統一老師設計的另一款得意作品《救火指揮車》，出口編號為 ME699。

第二件設計的產品是
《電動出租車》

《遊覽車》及《幼兒接送車》

《狗戲球》是謝革老師創作
的第一件產品

謝革 (1946 -)

上海玩具一廠工藝美術師

　　2008 年 1 月中旬，我再次回到上海，除了和上海兒童博物館討論
《玩具小 世界大》百年上海玩具珍藏展的展覽方案外，最重要的一件
事情，就是希望能夠加快速度，挖掘更多玩具背後的人物故事。1 月
26 日，在「上玩二廠」王統一老師的安排和引薦下，我在一家小飯館
與「上玩一廠」設計科的謝革老師碰面，同來的還有「上玩一廠」負責
包裝設計的工藝美術師馮兵老師。雖然我從 1994 年開始就着手研究
中國近代玩具史，可是由於史料不足，對於「上玩一廠」的過去所知甚
少，往往讓我處於瓶頸狀態。而謝老師的出現，不僅讓我對「上玩一
廠」有了進一步了解，同時也填補了「一廠」產品資料的空白。

謝革老師於 1986 年 6 月參加全國成都玩具訂貨會。圖為「上玩一廠」展位。

謝革老師在「上玩一廠」的工作證

對於國外許多太空玩具收藏迷來說，可能不一定知道上海玩具一廠。但對於六、七十年代，中國上海生產的 ME091《宇宙坦克》[4]，就肯定不會陌生。而這隻 25 公分長的鐵皮電動宇宙坦克玩具的美工部分，正是出自「上玩一廠」謝老師之手。

自幼喜歡畫畫寫字的謝革老師，回憶他雖然從小就喜歡自己動手做做小坦克、小手槍等玩具，但從沒想過自己有一天會進玩具廠打工。但可能冥冥中早有注定，老師初中畢業後，就因為國家發生了

4　從上世紀六十年代至八十年代期間，「上玩一廠」生產過好幾代宇宙坦克。第一代宇宙坦克誕生於上世紀六十年代，設計師是俞財富，美工是吳君平。第二代宇宙坦克在美工上有了新的設計，而這部分是由謝革操刀。之後的版本在美工上基本維持不變，只是把一些部位從鐵皮改成塑料。

「自然災害」，無法繼續升學。1963 年，可以說是老師人生的一個轉捩點。那年夏天，上海手工業局剛好到里弄招學徒，謝老師誤打誤撞進入了玩具行業。老師 18 歲進廠，就因為擁有玩具設計的創作天賦，進廠沒多少年，就設計出他人生的第一隻慣性鐵皮玩具 MF822《狗戲球》，接着沒過多久又設計出第二隻鐵皮玩具 ME629《出租車》。在「上玩一廠」領導的支持下，謝老師不斷設計出許多如 MF184《旅行車》[5]、MF185《雙層車》[6] 等拳頭玩具，不僅為國內外兒童帶來了許多歡樂，為「上玩一廠」增光，也為國家在出口創匯上作出很大的貢獻。

袁文蔚 (1926 - ?)
上海玩具八廠工藝美術師

　　2008 年 1 月 24 日是我第一次與袁文蔚老師見面。記憶中，袁老師當天是帶病赴約的，而且為了照顧他的方便，我們就定在他家附近的一家茶室會面。估計袁文蔚老師當天不太舒服，話不多，而且也有些嚴肅，所以握手寒暄幾句後我也不敢多問甚麼，只是把我剛出版的《中國小玩意》拿出來給他批評指導。他默默地看了看，就在我書上提了字，當翻到書中一隻木製母雞生蛋時，就指了指那玩具，然後說這是他設計的。接着與我分享了「上玩二廠」有一隻鐵皮電動母雞生蛋，而他這隻是鐵木結合的，銷路非常好。我們約聊了一小時左右，老師就在家人陪同下回家了。只是沒想到，第一次見面，竟也是我們最後一次。

　　1926 年出生的袁文蔚老師，浙江鎮海人。1956 年開始從事玩具設計，先後服務過永佳玩具廠和大華玩具廠。大華玩具廠公私合營後成為「上玩八廠」，就一直呆在「上玩八廠」從事設計工作至退休。袁

5　MF184《旅行車》在 1975 年至 1987 年，已累計生產 176,400 打（2,116,800 隻）。

6　MF185 雙層車在 1975 年至 1987 年，已累計生產 134,900 打（1,618,800 隻）。

年輕時的袁文蔚老師與他的創作，編號 ME771 的《鴨博士》（左）和編號 ME853 的《敲琴娃娃》（中）。

袁文蔚老師創作的木玩具，深受中外兒童的歡迎。

老師設計的《五用教育火車》和《蓓蕾小鋼琴》先後獲得全國和上海市的創作設計獎。根據網上資料，到了八十年代，袁老師不僅是「上玩八廠」的設計組長，同時也擔任了上海市工藝美術協會副理事長、中國工藝美術學會理事及上海市人大代表等職。

由於我對袁老師認識不深，所以摘錄了《文匯報》1983 年 5 月 22 日對袁文蔚的報導以作補充：

採科技和藝術之長 溶娛樂與教育一體
袁文蔚堪稱玩具設計專家

上海玩具八廠設計師袁文蔚從事玩具工作三十多年，獻給兒童四百多件傑作，輕工業部曾授予他「工藝美術家」的稱號。在全國玩具行業中，他是唯一獲得這個稱號的人。「六一」前夕，他又被評為「全國先進兒童少年工作者」。

袁文蔚設計的各種玩具，不僅造型美觀，生動靈活，而且把兒童天真活潑、稚氣可愛的性情與玩具形象巧妙地融為一體，形成了獨特的藝術創作風格。在他的辦公室裏，記者看到憨厚的小熊，淘氣的幼鹿和自己能行走、能敲琴的娃娃。還有一位慈祥的「雞媽媽」，它「咯咯咯」地推着童車走動，車裏坐着它心愛的「小寶寶」。玩具「雞媽媽」已持續生產十幾萬打，至今暢銷不衰。

袁文蔚擅長繪畫、雕刻，愛好攝影、音樂，通曉玩具製作的機械原理和電氣技術，懂一門外語，平時經常鑽研幼兒教育學、心理學，並且經常查閱國外資料，把各門藝術之長和先進的科學技術結合起來，使新產品層出不窮。去年一年，他就設計出八個新品種，其中有兩項分別獲得公司創作設計一等獎和中國工藝美術百花獎優質產品獎。「上玩八廠」

去年投產的十九種新產品，由他設計的就有十六種。

　　為保持玩具設計師所必須的「童心」，不斷開拓設計題材，他還經常出入幼兒園，和孩子們親切相處，瀏覽兒童書籍、畫刊，觀看木偶劇和動畫片，觀察了解兒童的情趣和愛好的變化，掌握孩子們喜聞樂見的形象、造型、顏色、聲音和動作，作為他設計玩具的依據。他新設計的教學火車等玩具，既耐玩，又可幫兒童認數字、識字母、辨顏色、撥鐘點，還能奏樂，有助於訓練幼兒思考、創造等方面能力。

朱宏恩 (1929- 2016)
上海玩具九廠工藝美術師

　　忘了是哪一年認識朱宏恩老師，想想應該是 2006 年至 2007 年左右。印象中，有一次和「上玩二廠」的王統一老師閒聊，說起我有一隻木馬人拖拉玩具，王老師即說他認識老朱，也就是木馬人的設計師朱宏恩，問我有興趣認識他嗎？就這樣，幾天後，就在王統一老師安排下，我和住在南京西路德義大樓的朱老師第一次碰面。初次見面，這位當年與「上玩八廠」袁文蔚老師齊名的「上玩九廠」「木馬人」之父朱宏恩老師，給我的印象其實和一般在老人中心活動的白髮老人無異。但若翻開朱老師過去的成績單，你會驚訝眼前這位己巳年出生的耄耋老人，原來在以往的玩具設計歲月中，設計的產品在國內玩具行業比賽中屢獲獎項。順手拈來的就有：

　　　1982 年，公司創新設計勞動競賽中獲二等獎

　　　1983 年，公司創新設計勞動競賽中獲一等獎

　　　1983 年，《木馬人》獲北京輕工業部工藝美術公司百花
　　　　　　獎優質產品美譽

　　　1984 年，公司創新設計勞動競賽中獲二等獎

　　　1984 年，獲公司創作設計獎

1984 年，《體育考爾夫》獲公司優秀新產品二等獎

1985 年，玩具創新設計勞動競賽中獲一等獎

1986 年，舉辦個人作品展覽，並獲得上海玩具進出口公
司頒發的優秀設計人員榮譽證書

1990 年，被中國玩具協會評為全國玩具行業優秀創作
設計人

朱宏恩老師在「上玩九廠」的工作證

老師在解放前在上海新華銀行任職，1958 年因緣際會進入木製玩具行業。那天在他家拜訪時，老師給我印象最深的不是他過去的成績，不是他設計的產品，而是他對木製玩具的熱情與執着、對兒童的關心和對上海玩具設計人才斷檔的憂慮。而我們之間的忘年友誼也是這樣開始的。之後，我每年都會抽些時間，手裏帶些老人食品登門拜訪朱老師，而老師每次也會和我分享他的故事和想法，不斷鼓勵我進入木製玩具行業。他也會偶爾發些小嘮叨，告訴我中國玩具發展到今天，雖然產品日新月異，設計層出不窮，但小孩的童心沒了，孩子間的交流也少了。這對一個愛護小孩的木製玩具大師來說確是非常心酸。

2007 年 5 月，當我個人的《小玩意·大意義》中國玩具珍藏展結束後，9 月就和香港商業電台《十八樓 C 座》節目監製馮志豐先生，為了拍攝一部關於玩具故事的記錄片再次抵達上海。9 月 13 日下午我們一行四人準時來到朱老師家進行拍攝和採訪，當天老師非常高興，狀態非常好，對着攝影機講述他的故事，也分享了《木馬人》和六面畫等積木類玩具的生產工藝。而當他提到《木馬人》的創作故事時，我從老師的眼神中感受到他的無限喜悅。老師從 1958 年開始至 1989 年的 31 個年頭裏，共設計了 138 種產品，為國家創匯了 1,852 萬美元，而僅僅《木馬人》這件產品就賣出了 1,809,468 隻。相信對老師來說，《木馬人》是他此生最大的滿足。2016 年老師終於走完了他的一生，但我相信老師設計的這隻拖拉玩具和他的故事，將會永遠的流傳下去。

朱宏恩老師年輕時攝於屏風山工人療養院門前

朱宏恩老師設計並引以為傲的木製拖拉
玩具《木馬人》，出口編號為 WP183。

編號為 WM185 的《小熊打鈸》是朱
宏恩老師另一款得意作品

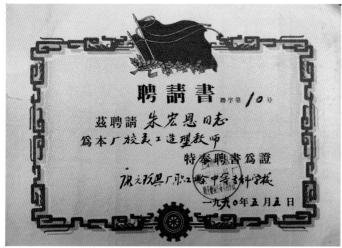

1960 年，朱宏恩老師曾受聘於康元玩具廠職工業餘中等專科學校。

2007 年的採訪過程中，朱宏恩老師在向我和馮志豐先生（右二）分享一
些木製玩具行業的故事。

吳君平（1932- ）

工藝美術師（包裝設計）

　　不管在解放前、解放初期、六十年代、文革時期或今天，玩具包裝都是玩具在進行市場推廣時一個非常重要的營銷手段。而包裝設計的好與壞，是否能吸引兒童的目光、增加玩具的銷售量和能否提高產品附加值，都起着非常重要的作用。可以說，玩具包裝盒不僅是創造力的表現，也是商業與藝術結合下的商業產物。一個好的玩具包裝，除了構圖、色彩、字體設計外，最重要就是包裝盒上的玩具圖案。如何把一件簡單的玩具產品美化和突出，設計師的想像力和對美學的鑒賞力至關重要。而吳君平老師就是上海玩具行業公認最好的玩具包裝「魔術師」之一，因為經他設計的玩具包裝盒，雖不至點石成金，但基本上都能保證產品銷量。

　　為了了解更多玩具人的故事，2017 年 5 月 18 日，在「上玩二廠」王統一老師的幫助下，我如願和這位久仰的上海玩具包裝界「魔術師」碰面，地點就在南京西路德義大樓附近。早上 11 點 30 分，吳老師準時出現，和王統一老師互相問好後，我們三人就找了家小飯館坐下邊吃邊聊。由於吳老師下午還有別的事情要處理，所以我只能在有限時間內，為老師作一次簡短的採訪。

　　吳君平老師，原籍蘇州，在上海成長。吳家四代都是畫家，父親吳少雲更是民國時期畫月份牌和近代中國年畫大師級的人物。老師自幼受家裏影響，耳濡目染，也喜歡畫畫。但年輕時學的專業卻是工程測量，1955 年曾到淮南煤礦任職，兩年後由於家人反對，又重新回到上海。經父親朋友推薦，給「上玩一廠」嘗試畫包裝盒，從此進入了兒童的玩具世界裏，開始了往後幾十年的玩具包裝設計師生涯。

　　我和吳老師雖是初次見面，但老師非常健談，他知道我過去學設計專業，也稍懂畫些畫，就很高興和我分享了許多玩具以外的題外話，還答應下次見面時，送我一些當年他用來畫包裝盒的馬頭紙 [7]，讓

7　一種中國解放前，質量非常好的英國進口水彩紙。

吳君平老師為「上玩十七廠」設計的六式汽車包裝盒

我試着畫畫看。時間一分一秒的過去，會面時間即將結束，我需要把話題重新拉回玩具包裝設計上。可是由於老師已經退休多年，許多當年往事已經開始模糊了，包括為哪家玩具廠畫過甚麼樣的玩具盒，也開始有點記不清了。所以我把帶去的蘋果筆記本打開，從電腦的文件夾裏找出儲存的近千張玩具盒照片，讓他重新的細細回憶。

在不斷翻看的過程中，老師的思緒重新回到他那風華正茂的創作年代。他回憶起曾經為「上玩十七廠」設計過一款《六式汽車》的包裝盒，老師摒棄了一般設計者慣用的手繪彩圖，大膽採用了黑白元素的設計風格，在當時來說非常時尚和前衛。老師又說，當年「上玩十七廠」投產了一批《六式汽車》，由於反應不佳，因此託人找到他，希望他幫忙重新設計包裝，當然最後也因為這款前衛的包裝設計，讓產品起死回生。同樣的黑白設計風格，老師也曾用在「上玩一廠」其中一款賽車玩具的包裝盒上。

除了《六式汽車》和《賽車》的設計是稍微滿意的作品外，還有《照相汽車》、《動物車》和《火車》等的包裝盒設計也是老師相對滿意的作

吳君平老師為「上玩一廠」和其他玩具廠設計的部分包裝盒

品。當提到《火車》這款包裝盒時，老師興高采烈地說，當年他負責這包裝盒時，不僅是設計盒上的圖案而已。這款玩具體積雖然不大，但玩具火車頭相對有些份量，再加上鐵製路軌，一般「天地蓋」盒子未必可以為這款玩具起到保護作用，所以必須重新研究包裝盒的結構，既要做到能保證玩具在運輸過程中避免受損，也要考慮到如何為國家節約用紙。臨別前，老師又分享了另一則小故事。除了「上玩一廠」、「上玩十七廠」外，老師也曾為「上玩二廠」、「上玩十五廠」等廠畫過包裝盒。老師再次回憶說，當年玩具廠給他的指標是每幾天就必須完成一幅設計稿，工作量頗大。但老師的父親卻認為，為玩具廠畫包裝盒不夠格調而不表重視。

與老師道別後，我再次回味老師剛才那段話：「父親認為我為玩具廠畫包裝盒不夠格調，所以不太重視。」這讓我想起，當初家父也因為對我收藏老玩具、研究中國玩具發展史、開玩具博物館等行為感覺莫名其妙，認為我「玩物喪志」而不表重視與支持。今天，我已年過不惑，開始體會到其實天下父愛都是一樣的。

曲世賢 (1938-)
上海玩具二廠工藝美術師（包裝設計）

有見過一個有聽力障礙的 80 歲老人，如何用手的動作和臉部的喜悅表情表達他對玩具的感情嗎？能夠想像當這位 80 歲的爺爺指着他年輕時畫的《太空火箭》玩具包裝盒時，會像個孩子模仿火箭飛行時發出的颼颼聲音嗎？曲世賢老師就像個單純孩子一樣，一說起玩具就會毫不掩飾地展露他的笑容。對於一個有聽力障礙的人來說，能與人正常溝通是最大的障礙。相對於作為正常人的我來說，面對紛擾的世界和複雜的人際關係，不善於表達自己，何嘗不是另一種障礙？然而，感恩上天同時都賜予我和老師同樣的藝術創造力，讓我們可以通過彩筆表達簡單的情感與世界。

屈指一算，我和曲老師上次碰面已是 2008 年了。其實早在 20 年

曲世賢老師在他的創作上簽名

曲世賢老師的個人獎狀

前，我在上海康元玩具廠生產第一隻鐵皮玩具時，就已聽說過廠內百分之九十以上的玩具畫稿和包裝設計皆是由兩位外號「大啞巴」和「小啞巴」的出色美工負責。只是當年我生產玩具時，「大小啞巴」早已退休，我也沒機會認識他倆。直至 2007 年，為了拍攝一部關於玩具故事的記錄片，通過王統一老師介紹，才第一次知道「大啞巴」老師名叫曲世賢。

這次為了把「玩具人」的故事放進新版《中國小玩意》中，2017年 5 月 27 日，我和王統一老師再次回到十年前石泉路曲老師家的採訪現場。下午三點半左右，曲老師把家門打開，很驚喜再次見到他的老同事王統一，只是當他看着我時，一臉茫然，竟表現不認識我的表情。直至王統一老師介紹我，曲老師憑着王老師的動作和口語才恍然大悟。

由於曲老師無法與我直接通過交談溝通，所以進屋後，兩位老師用手語動作互相寒暄問好時，我已拿出筆記本，在本子上寫下我的問題，靜待老師看完問題後，用筆把答案寫在本子上。

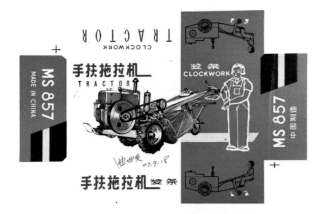

曲世賢老師設計的各款玩具包裝盒

1960 年，「上玩二廠」技術科全體人員在曲世賢老師的筆記本上留下臨別贈言。

《獅子戲球》包裝盒是曲世賢老師上世紀七十年代的創作

曲老師小學畢業後，就跟着表叔在大連中蘇電影院學畫畫。兩年後，表叔病了，曲老師順理成章接替了表叔的位子。由於自幼擁有繪畫天賦，加上對色彩敏感，畫電影廣告不到一年就因為工作出色，被大連聾啞學校保送到上海青年技術學校美術設計班學習。那時是 1956 年 8 月，老師還未滿 18 歲就孤身來到陌生的上海，沒想過這個安排從此改變了老師的人生軌跡。設計班修讀三年，按照課程設定，畢業後會被安排到社會實習一年，而老師就被學校安排到一間廣告公司當畫稿員，但老師覺得呆在廣告公司畫稿非常枯燥，不願意去。學校無奈只好另作安排，剛好「上玩二廠」在招聘設計人員，老師就嘗試到玩具廠看看。怎料他到了玩具廠看到滿工廠都是玩具，開心得不得了，覺得玩具比廣告有趣多了，所以決定呆在玩具廠實習。而這個感性決定，不僅再次改變了老師的人生軌跡，也讓那些當年老師設計的玩具包裝盒，最終成為中國鐵皮玩具史上和玩具藏家手上的珍貴寶庫。

康元玩具廠工藝美術師曲世賢（左）正和同事討論關於宇宙飛船玩具的包裝設計

1960 年實習期滿，老師從「上玩二廠」被調到上海康元玩具廠繼續發展。之後老師就一直呆在康元玩具廠到後來的國營「上玩二廠」至 1997 年退休。在老師 38 年的美工生涯中，他為中國鐵皮玩具行

業創作了許多經典玩具包裝盒，特別是太空類玩具。例如 MF030《宇宙火箭》[8]，MF039《慣性賽跑車》，ME057《宇宙坦克》、ME078《魚雷車》、ME089《宇宙汽車》、MF069《月球火箭》、MF102《月球飛船》和 MF861《宇宙雙管槍》等。雖然文革期間，廠內新產品減少，曲老師把時間都花在畫毛主席像和語錄宣傳上，創作也少了，可是在玩具收藏家心裏，曲老師在這段期間創作的包裝盒，不僅經典，而且具有濃厚的時代氣息，如中國玩具收藏家喜歡的 MS857《手扶拖拉機》和 MF996《紅旗轎車》，還有 MS866《交通運輸》、ME723《交通操縱卡車》、MF833《噴氣客機》、MF972《工程車》、MF994《鏟車》和 ME972《獅子戲球》等。

曲老師雖然獲獎無數，為人卻非常低調謙虛。在整個訪問過程中，老師除了與我分享他的故事外，還不斷強調他自己創作水平低，而且還在紙上寫下「我做小孩包裝，不值得大書特書」這樣感人的話。拜訪結束時，這位 80 歲的耄耋老人還執意要送我和王老師出門。

回家路上，不斷回顧曲老師大半輩子為鐵皮玩具行業作出的貢獻，腦中想起 1960 年「上玩二廠」技術科全體工作人員，在曲老師臨別前送上的一段感人贈言：「願你在新的崗位上虛心學習，刻苦鑽研，繼續發揮獨立創造的能力，排除萬難，為我國新興的玩具工業貢獻出畢生的精力……」

鄭昌祈 (1932 -)
上海玩具二廠工藝美術師

但凡讀過金庸的《射雕英雄傳》，都會知道故事中有位九十多歲、天生樂天派、喜歡無拘無束，而又幽默風趣，人稱「老頑童」的周伯通。現實中，鄭昌祈老師那種喜歡隨心唱歌，個性樂觀開朗，永不言休，又不受世俗約束的個性，宛如中國鐵皮玩具界的「老頑童」。

8　《MF030 宇宙火箭》是曲世賢於 1959 年在「上玩二廠」實習期間創作的第一件作品。

原籍浙江奉化的鄭昌祈老師，於《淞滬停戰協議》簽訂後四個月在上海出生，家中排行第四。父親在浙江杭州西湖博物館從事文物鑒定，叔公是人稱「蛋大王」的鄭源興。老師家中殷實，自幼除了喜歡繪畫，對機械也有濃厚興趣，加上動手能力強，經常通過想像力，製造一些能活動的小玩具。17歲時報考上海中國人民解放軍航空學校，之後就去了遼陽，直至1955年回到上海進入上海輕工業局五金技術處，負責開發新產品。從搞航空特種設備到負責五金產品開發，這些工作似乎與玩具扯不上任何關係。可是正如電影《阿甘正傳》裏說的，生命就像巧克力盒，如你不把盒子打開，你將永遠無法知道下一塊巧克力的味道。

年輕時的鄭昌祈老師

上世紀五十年代末，正在發展的中國玩具工業在「大躍進」和「人民公社化」的影響下，包括上海康元玩具廠在內的各家玩具廠，由於新品種減少和出口量下降，上海的玩具工業面臨嚴重挫折。到了1961年，鐵皮玩具的生產狀況基本上退回1957年的狀態。此時的上海輕工業局正在精兵簡政，鄭昌祈老師也正想轉換工作環境，碰巧同一時

ME821《蟬》、ME815《青蛙》和ME792《鱷魚》都是鄭昌祈老師較滿意的作品。

（左起）香港商業電台《十八樓C座》監製馮志豐先生、鄭昌祈老師和我，2007年攝於鄭老師家中。

候，上海康元玩具廠到輕工業局物色新技術人員幫助工廠發展，就在
這個偶然機會下，鄭老師被選中並被安排到康元廠上任，從此改變了
他的人生方向。

　　鄭昌祈老師等技術人員在加入上海康元玩具廠後，幫助工廠建立
起了生產技術科，不僅在生產技術上獲得突破性發展，而且品種門類
也不斷增加。開發的鐵皮玩具新品種也開始趕上國際水平。據老師
回憶，自他1961年進入康元玩具廠，設計的第一件慣性玩具摩托車
起，到1984年轉去「上玩十廠」至1989年退休為止，共創作了不下
100種產品，但正式投產的只有幾十種，計有MS107《跳鹿》、MS505
《斑馬》、MS701《迴輪坦克》、MS702《摩托車》、MF722《吉普車》、
MF768《十輪卡車》、MF742《慣性飛船》、ME061《不落地火車》、
ME066《星座火車頭》、ME089《宇宙汽車》、ME765《熊貓》、ME792
《鱷魚》、ME815《青蛙》、ME821《蟬》和MM702《餐具》等。

　　我和鄭昌祈老師相交超過十載，每年春節都會約鄭老師、王統一
老師和其他玩具界老師一聚，看看他們過去一年過的怎樣。而每回看

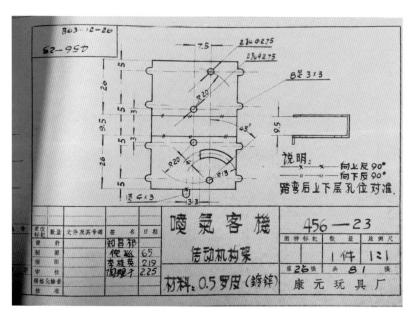

鄭老師，他總是精神奕奕的。老師熱愛生活，熱愛世間一切好玩有趣的東西，就如周伯通一樣，對萬物充滿激情與好奇心。老師在上海、廣州、安徽、杭州等城市都曾留下創作足跡，從玩具廠到大型遊樂園，從小玩具發展到大型玩具。雖然鄭老師已離開玩具廠數十年，但依然每天保持創作熱情。近這十年，鄭老師漸漸把精力放在創作和發展大型機器人上，如禮儀服務機器人、送點心機器人、拳擊機器人、舞蹈機器人和觀光機械馬車等。

在金庸小說中，有一章節講到周伯通落難山洞時，看到小龍女操控蜜蜂的絕活，興起了養蜂的興趣。而現實中，希望這位中國鐵皮玩具界的「老頑童」鄭昌祈老師也在百歲誕辰之時，為鐵皮玩具迷，設計出一隻大型鐵皮電動蜜蜂玩具作為收官之作，若能實現，相信會是中國鐵皮玩具史上另一段佳話。

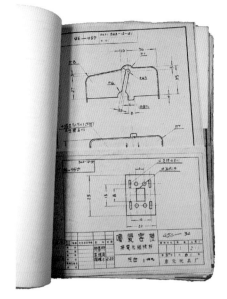

鄭昌祈老師於上世紀六十年代曾在康元玩具工業中學做過一段短時間的機械製圖教師。上圖是當年鄭老師用來教學的《噴氣客機教材資料》。

倪巡 (1948 -)
上海玩具二廠工藝美術師

「九」是中國陽數的極數，在古代具有至高無上地位。過去皇帝稱為「九五之尊」，官吏等級分九品，清代京城有九門，武俠小說中有九陽神功等，都充分表現「九」這個數字與人和萬物的微妙關係。在中國玩具界裏和「九」有關係的有九連環、九宮格和鐵皮玩具界裏的「九大金剛」。而傳說中價值連城、中國玩具收藏界的瑰寶，編號為 ME651 的電動鐵皮《萬噸水壓機》玩具的設計者，就是鐵皮玩具界「九大金剛」之一倪巡老師。

祖籍杭州、在上海成長的倪巡老師，自幼受在中國人民銀行宣傳科搞廣告宣傳的父親影響，從小就喜歡畫畫，總以為玩具上的圖案都是畫上去的。所以老師在 1962 年小學畢業後，就不顧母親反對，偷偷報考了上海康元玩具廠工業中學。不為別的，就希望到玩具廠後可以天天在玩具上作畫。結果誤打誤撞，中國的鐵皮玩具界就這樣從此多了一位小天才設計師。1964 年「自然災害」期間，年僅 16 歲的倪老師，雖然還只是個跟隨「老頑童」鄭昌祈老師左右學習的小學徒，但已經雄心勃勃，希望未來成為一位思想進步和新時代的玩具設計師。

上海江南造船廠於 1962 年成功製造出中國第一台 12,000 噸水壓機，並且測試成功和正式投入試生產。這不僅為中國重型機械工業寫下輝煌一頁，也為中國工業史上填補了一項空白。1964 年 9 月，《解放日報》刊登上海製造出中國第一台 12,000 噸水壓機的報導，康元廠技術副廠長王志芳就帶着倪巡老師和一班技術人員，到上海江南造船廠實地參觀學習。當老師第一眼看見這台機器時，竟被眼前這座高六七層樓、基礎深入地下 40 米、四根銀白色合金鋼柱子的龐然大物嚇倒。回到工廠後，老師琢磨着這樣一台能代表國家發展和未來的重要工業產品，必須把它變成玩具賣到全世界，不僅要讓全中國兒童知道，也要讓全世界兒童知道社會主義的偉大。

可是想歸想，雄心壯志歸雄心壯志，倪老師心裏沒底。要把這樣一台龐大機器做成一件可讓兒童感興趣的玩具非常困難。這可不像設

倪巡老師（中）在 2007 年的採訪過程中，向我和馮志豐先生分享他創作鐵皮《萬噸水壓機》玩具的故事。

倪巡老師設計的《聲控爬娃》玩具

計汽車、飛機或輪船玩具那樣簡單，相對來說，這些玩具只要外型像樣，再加個發條機芯或電動機芯即可。而要把萬噸水壓機變成玩具，一不能失去它的雄偉氣勢，二必須能和玩具的趣味性結合，難度可想而知。老師把他的想法向上級領導匯報，竟得到上級的重視與大力支持，並且鼓勵他一定要把這產品搞好。

倪老師於是開始着手從報章和《人民畫報》、《科學畫報》等刊物中，收集有關萬噸水壓機的報導來進行研究學習。經過整整半年，老師覺得要把萬噸水壓機的形態用玩具的方式表現出來，必須把水壓機某些結構，如高壓水箱和三樑六缸四立柱鍛焊等，用誇張的手法體現出來。接着就是構思如何讓水壓機上下運動變成一件吸引兒童眼球的玩具。經過反覆推敲，最終定案是把軟搪塑造成紅色金鋼錠放在水壓機下充作鍛件，當放入電池，撥動開關，水壓機會重複做上下運動的動作，用搪塑造的鍛件會一邊發出紅光，一邊會因水壓機往下壓而變

不管是在近代中國工業史還是鐵皮玩具史上，萬噸水壓機都有着舉足輕重的地位。

1967年，當上汽修配廠自行設計出一部新式灑水車的報導出現在《解放日報》上，灑水車功能的完美性立即吸引了倪巡老師的注意，也觸動了老師的創作思路。老師尋思着如何能把這玩具灑水車的功能性和趣味性體現出來，又能增加兒童的好奇心。最後從一款進口的日本玩具中得到啟發，在電動迴輪的常規動作基礎上，加上了一隻水箱和小水泵，可以使玩具車隨着鳴叫聲，邊行走邊噴水。

化形態。而在底座儀表上又不停的顯示「6,000噸」和「12,000噸」的變化，以增加玩具的趣味性。

　　説到這裏，突然回憶起二十多年前一件趣事。九十年代中期，我和朋友到馬來西亞的昔加末（Segamat）淘寶，在一家老玩具店的閣樓找到一件帶原包裝盒、疑似教育模型的東西。盒上沒有任何小孩圖案，看上去不像是件玩具。順手打開盒蓋一看，裏面裝的是一件藍色的機器模型。模型一面印上黃色的「萬噸水壓機」和「中國上海」九個字，而另一面則印上黃色的「萬噸水壓機」和英文"Hydraulic Forging Press"。當時我像發現新大陸似的，心想原來上海生產的教育模型過去也曾出口馬來西亞。接着就問朋友是否要買這教育模型，朋友説若非玩具就別買。正在猶豫之際，看見彩盒邊上印着ME651五個字的玩具編號。為甚麼教育模型會印上出口玩具的編號？難道教育模型和玩具的出口是同一系統？我最終還是決定先把鐵皮模型買回去再決定

怎麼處理。而這件現在是中國玩具收藏界「價值連城」的寶物，當初就讓我一直擱在倉庫，一擱就是十年。直到有一次在上海和「上玩二廠」王統一老師閒聊，才知道《萬噸水壓機》確是件玩具，而它的設計者名叫倪巡。

2007 年，為了拍攝一部關於玩具故事的記錄片，我把《萬噸水壓機》玩具帶到上海，並請倪巡老師為我解開心中多年的迷團和疑惑。採訪當天，倪老師除了告訴我關於設計《萬噸水壓機》玩具時面對的種種問題外，也分享了《萬噸水壓機》玩具在 1965 至 1966 年間順利投產面世後，受到各方好評與重視，不僅被全國各小學、幼兒園作為重點教具使用，也為他贏得了「五好職工」和「青年紅旗突擊手」等美譽。

在那個「玩具是用來培養紅色接班人」，和作為國家宣傳工具的年代裏，雖然玩具出口處於低潮，但倪巡老師設計的幾款玩具出口銷量還是非常好，除了《萬噸水壓機》外，還有 ME728《上海牌轎車》、ME677《上海牌敞蓬車》、ME638《電動灑水車》和 ME790《聲控爬娃》等。關於「聲控爬娃」有一則有趣小故事值得一提。1976 年「聲控爬娃」第一次在上海工業展覽會展出，開幕前一天，時任中共上海市委書記王秀珍到展覽館審查，當工作人員向領導展示「聲控爬娃」產品時，王秀珍大怒，並批判說「聲控爬娃」是典型的「洋奴哲學」、「爬行主義」[9]，必須立即撤下展台，不予繼續展覽。

今天文革已經結束 40 年，我國也已經步入新紀元，並且展開了全方位發展。故事結束前，我突然幻想，若現實中真有一部時光機，可以把我國今天的繁榮，帶回 40 年前倪巡老師在康元玩具廠當設計師的時候，不知道老師會設計出怎樣的鐵皮玩具？是「和諧號高鐵」、「國產大飛機」、「國產航母」、「長征宇宙火箭」，還是「神舟太空人飛船」？

看着窗外的細雨，心中其實早有答案⋯⋯

9　文革期間，所有革命工人和革命技術人員必須在偉大領袖毛主席的「獨立自主，自力更生」的偉大方針指引下，走自力更生發展工業的道路，徹底批判「爬行主義」和「洋奴哲學」。

新版後記

　　當我用筆記本鍵盤打出書稿中最後一個句號的同時，我再次緩緩舒下一口氣，因為書稿總算完成了。

　　十年前拙作《中國小玩意》得以重新出版，需要感謝《郵歷香江》和《亦狂亦俠亦溫文》的作者吳貴龍先生的引薦，才得以順利於 2017 年的 1 月 24 日，第一次與商務開會討論再版意向，而且當天很順利地就把《中國小玩意》再版的事初步定了下來。接着就是定合約、談版稅、重新在原有的文字基礎上進行編寫，還有就是上網找資料、素材，為玩具藏品拍照和為原始文件、照片掃描等。但隨着我對此書的要求提高，工作量就不斷增大，原以為很輕鬆的改改寫寫等文字工作，突然發覺時間根本不夠用，壓力隨之而來，因為深怕誤了出版期，所以也只能壓縮自己的休息時間。

　　和十年前比較，雖然這次再版是在原來的基礎上作修改，但其實一點也不輕鬆。由於對近代玩具工業歷史的一層層深入了解和新材料不斷浮出水面，舊作內容的一些資料必須重新修正。比如在舊作中的「全面進入『共產主義』社會」一節中提到「上海六一玩具廠」更名為「上玩一廠」和「勤儉電錶廠」改為「上玩三廠」的史料，是十多年前通過一些老人的回憶與口述中獲得的。而去年偶然購得一批文革時期非常珍貴的玩具廠職工抄家物資材料，和大量要銷毀的國營「玩具三廠」在文化大革命運動中的有關材料時，謎底突然被揭開了，錯誤信息也最終被推翻，原來「上玩三廠」的前身才是「上海六一玩具廠」。

　　另外，有些參考書提供的信息和我手上的資料有差異，也讓我在編寫過程中，需要花時間重新翻閱老資料核實。比如《繼往開來——香港廠商 75 年》一書中提到上海康元廠於 1931 年到香港成立了華益印鐵製罐公司，隨後在 1934 年南遷，與華益合併，

在「文化大革命」運動中差點被銷毀，但幸
運地保留下來的一批「上玩三廠」資料。

最後成立康元「香港分廠」。而我手上的資料是原「上玩二廠」老人黃均如先生提供由
他自己編寫的康元廠廠史素材。文稿中是這樣寫的：

第二章
一九三三年 – 一九三七年的「中國康元製罐廠股份有限公司」

第一節 合併「香港華益製罐公司」成立香港分廠

　　在三十年代，上海製罐工業的發展較為迅速，至一九三三年，本埠已
有製罐行業八家。數規模，設備康元廠最為可觀，論年營業額康元廠也
可與七家全年營業額媲美。為壟斷製罐行業，康元廠繼續擴大發展。在
一九三三年八月七日，由胡文虎撮合，簽訂康元印刷製罐廠與香港華益印
鐵製罐有限公司合併意向書。以股份制形式組織中國最大的印鐵製罐有限
公司，公司名稱為「中國康元製罐廠股份有限公司」。上海廠為公司總廠，
香港廠為公司分廠，待招股擴充期限屆滿時，即實行雙方合併，由新成立
公司統一營業行政。

　　於一九三三年九月底，「中國康元製罐廠股份有限公司」創立會在上
海市商會召開，兩廠即正式作股份合併。並以「中國康元製罐廠股份有限
公司」名義向外發行股票。項康原任總經理，原香港華益製罐公司總經理

阮維揚擔任協理，負責香港分廠事務，香港分廠在香港西環爹維（核）士街 2 號。

廠史中很清楚地說明了當年的一些合併情況。按道理說，廠史的真實性和可信度相對應該更高，但也不排除由於原資料來源錯誤，而導致在編寫廠史的過程中出現偏差，因此我需要花時間把所有的封箱資料重新翻出來再核實和整理，希望能把真實的歷史還原。但花了幾天時間，還是沒辦法找到更好的資料來證實的情況下，最終還是選擇了廠史的真實性而繼續採用。

除了考證工作外，這次在新版中加入了許多相關資料，比如在閱讀《尋訪東洋人——近代上海的日本居留民 1868-1945》一書時，看到：

> 1906 年 2 月，據日本總領事館統計，上海有日本居留民 5,825 人，其中長崎人最多……古賀淺吉 1887 年 3 月來滬，在文監師路開設經營教育玩具的商店……玩具業的村井熊太郎 1899 年 2 月來滬，在吳淞路開設村井號玩具店……。

這短短幾十字令我非常興奮，因為這不僅填補了清末時期上海玩具業的一些空白，也即時讓新版增加了可讀性和趣味性。而類似增加的資料性文字還有很多，我就不一一舉例了。

另外，在這次重新出版的《中國小玩意》中，我特意向香港商務印書館提出，加上玩具設計師故事這篇幅，希望能讓我對老師們過去半生為玩具事業作所出的貢獻表示一絲敬意。可惜在採訪編寫過程中，遺憾的知道有些老師已經往生了，所以只能憑我對他們過去的印象和手中有限的資料編寫，而有些老師卻身在國外，未能接受採訪，所以對於那些沒被採訪到的，只能寄望未來若《中國小玩意》還有機會再版時再加進去了。

末了，再一次感謝香港商務印書館這次瘋子行為，在不清楚銷售的情況下，讓《中國小玩意》重新出版。同時亦要感謝上海茶館張老闆借出私藏康元《活動鴨》（見 49 頁）供我拍照放入書中，才可填補書中康元玩具的不足。另外還要感謝香港消防車玩具藏家鄭彬先生借出 ME699 消防指揮車玩具照片（見 245 頁）、香港幸福玩具店莊慶輝先生（《香港玩具圖鑑》編者之一）對我收藏上的支持和澳門梳打埠懷舊店岑偉倫先生送贈我一批 1965 年中國玩具展覽會香港廣告等。末了，寄望未來有更多人可補充和擴寫我的不足，使整個近代中國玩具工業歷史被更完整地記錄下來。

陳國泰
2017 年 上海
（tiepiwanju@yahoo.com.sg）

初版後記

終於寫完了。

緩緩舒了一口氣。

我重新審閱書稿並回憶當初，從 1989 年開始收集玩具，1993 年計劃撰寫《玩具與我》（因數據不足而最後流產），2000 年開始編寫《中國小玩意》，直到今天這本書稿得以面世，原來不知不覺已整整 18 年了。

18 年的時間不算長，也不算短。然而，由於個人力量有限，除康元玩具廠、商務印書館資料較豐富外，未能很深入地去發掘更多解放前或解放後的玩具廠的故事。而且整體上，鐵皮玩具佔了較多的篇幅，木製玩具和其他玩具則着墨較少，實嫌美中不足。還好有老照片和老廣告等的配合，才使這本《中國小玩意》增加了些許可讀性。因此，如有任何不足和錯漏，敬請各位讀者指正，希望留待再版之時，再作更正。

在編撰的過程中，如果不是始終得到許多朋友的支持與鼓勵，相信此書離出版的日子可能再要過另外的五年或十年。

上海玩具二廠（前身是康元玩具廠）的黃均如先生是我的啟蒙師傅，是他把我引進這洋洋大觀的上海玩具世界。還記得那年是 1992 年，是他的不吝相贈，我才能擁有康元廠一份非常珍貴的三十年代產品目錄。也由於他的不吝賜教，我才能在那段還是屬於國營廠時期的「上玩二廠」，獲得大量的玩具品種資料。當然還有廠長周豪錦先生、副廠長楊獻民先生、工程師王統一先生等都在我的編撰過程中提供了大量康元廠的原始資料與史料，在此，我向他們一併表示由衷的感激。

在上海旅遊期間，我還認識了一位名叫顧劍的朋友，在我回新加坡後的日子，先後託人帶來了兩份令人驚喜的禮物：一盒三十年代中藝玩具廠的木質玩具和文革時期 32111 英雄鑽井隊木製六面畫（見 187 頁）。前者使我第一次知道三十年代的上海工廠

除了生產鐵皮玩具外，也有一間叫中藝的玩具廠專職生產木質玩具；後者則讓我知道在文革時期，也生產過玩具。這兩件玩具都令我大開眼界。在此，我由衷地向顧兄表示感激。

1992年認識了文永成先生。由於興趣相同，我們經常結伴去淘玩具。從1993年第一次結伴到日本橫濱參觀玩具博物館開始，至1998年我們已先後到過日本、馬來西亞、印尼、緬甸、英國、荷蘭、美國等地多次尋覓老玩具。永成兄雖然學的是電子工程，但自幼浸於商海之中，在那幾年的覓寶行動中，永成兄教會了我很多東西，使我日後受益良多。

張樹年先生是我在1997年認識的忘年之交。張先生是民國時期上海一位出版界前輩、文化界名人張元濟先生的公子。認識他時，他已年屆九十高齡，身體仍十分硬朗。能夠認識張樹年先生，説到底又得再次感激永成兄。有一天，永成兄告訴我，他無意間從某新加坡古董商那裏買到一份早期商務印書館出版的雜誌，內有一張商務印書館出品的玩具廣告。從那刻開始，我才知道商務印書館曾經出品過玩具，不過當時我對這家「百年老店」所生產的玩具還沒有任何概念。為了想了解多一些關於商務印書館過去出品的玩具，我嘗試打了一通電話到上海的商務印書館，有關部門把我介紹給北京的商務印書館，經過多次通電並説明來意後，北京方面再把我轉回給上海的商務印書館。多次的輾轉，使我索性飛去上海一趟，會見有關單位。在道明來意後，使我驚奇的是原來大部分在商務印書館工作的員工，不用説40歲以下的人，就算老職工都不曾知道商務曾幾何時有生產過玩具，這更增加我的好奇心，一定想方設法把商務過去生產玩具的那段歷史弄個明白。後再經一位商務老職工的引薦，得以和這耄耋老人相見，並結為忘年之交。

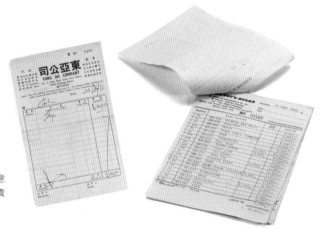

九十年代，與永成兄經常到東南亞一帶淘寶，不經意地留下了當年的一些玩具發票，竟然成為今天珍貴的歷史見證。

張先生在得知我為了成立世界第一間「上海玩具博物館」而徵集商務老玩具，以及將編撰《中國小玩意》一書，竟不辭勞苦從新加坡飛到上海，即從牀底下找出一套二、三十年代商務印書館製作、雖帶一點小殘缺，但不失經典的木製六面畫轉贈予我。在那刻，我用我顫抖的手去迎接這誠摯的友情。我默默許下承諾，無論花費多少時間與金錢，一定要把《中國小玩意》編寫好，並且把「上海玩具博物館」的計劃儘早落實。轉眼十年已過，書稿亦已完成，「上海玩具博物館」亦於 2005 年 11 月在新加坡成立。但這位忘年摯友卻在幾年前走完他一生的道路，未能和我一起分享這遲來的喜悅。念及至此，總使我引為憾事。

上海市歷史博物館的資深研究員錢宗灝教授，是我在 2000 至 2001 年間認識的一位朋友。這份書稿最終能夠順利完成，全賴錢教授的一番鼓勵，我才能「下定決心，並且排除萬難」地完成這個「使命」。事情是這樣的，當時在編撰的過程中，我碰到了瓶頸的問題。由於過去玩具工業一直不為人所重視，因此在發展的過程中，並沒有人有系統地把資料保存和記錄下來。加上中國在近代的發展史中又戰爭連連，解放前的玩具能夠保存下來，相對來說少之又少。既沒有玩具實樣，又沒有足夠資料可尋，我要如何完整地把上海的玩具工業發展呈現給讀者呢？但照錢教授的話說：「任何的學術著作，都不可能完美。您現在不寫，往後的日子更不會寫。為甚麼不把您已有的重新整理編撰，把不夠的和不完美的留給後來者來完成？」一語道破了我思想上的障礙。

此外，我還要深切地感謝前上海玩具公司銷售科科長潘先生，贈送了我幾本六十年代的中國玩具目錄；新加坡的中國玩具代理商「厚興公司」在九十年代初也贈送我數量頗多的中國老玩具。末了，我還要感謝阿潘、老楊、小娣、小妹、徽章、張老闆、倪老闆、中敏、老郭、老朱等上海舊貨商在過去不斷對我收藏上的支持，還有新加坡

上海玩具博物館（Museum of Shanghai Toys）義工陳志華先生、May, Wee Seong 和
日本攝影師吉澤清先生等朋友的友情協助，我才得以在編撰《中國小玩意》這條道路上
走得比較平坦。我再一次由衷地感謝他們！

陳國泰
2007 年 新加坡

中國玩具工業發展大事年表

清代乾隆年間	出現了中國第一代機械玩具《搧扇人》。
1897 年	上海商務印書館創辦。
1901 年	五位分別為聖公會教徒、長老會教徒、衛理公會教徒、浸理會教徒及一名漢族女教徒成立了「濟良所管監會」（Door of Hope Committee of Management and Committee of Supervision）。其後設分所於上海四馬路（福州路），並於江灣開辦「愛育學校」，救濟更多無依的年幼女童。這些無助的婦女在「濟良所」的工業部（Industrial Home）學習刺繡、挑花和製作娃娃（Door of Hope Doll）。
1908 年	上海商務印書館推出中國第一套兒童識字遊戲《學部審定五彩精圖方字》。
1909 年	美國傳教士伊薩克·泰勒·何德蘭（Isaac Taylor Headland）在他的著作 The Chinese Boy and Girl 中提到當時中國的玩具發展。
1911 年	上海商務印書館於學校暑假期間推出 24 種國民遊戲玩具。 上海范永盛金屬玩具廠創立。
1914 年	第一次世界大戰爆發。
1915 年	商務印書館出品的玩具，在首屆美國巴拿馬太平洋萬國博覽會中，榮獲二等銀牌獎。 上海大中華賽璐珞股份有限公司創立。
1917 年	上海商務印書館設立玩具部。
1918 年	上海商務印書館引進中國第一台鐵皮印刷機。
1919 年	上海愛國玩具廠創立。 上海大東書局出版《玩具製造法》。 爆發愛國五四新文化運動。

二十年代	上海振藝機製兒童教育玩具廠創立。
1920 年	大達玩具廠創立。
1921 年	上海商務印書館出品的玩具，在上海總商會第一次展覽會中獲優等獎、金牌獎、銀牌獎。
1922 年	上海商務印書館出品的玩具，在安徽省立第一商品陳列所獲最優等獎狀。
1923 年	上海商務印書館出品的玩具，在安徽省立第二商品陳列所獲最優等獎狀。
1924 年	焦衡康玩具廠創立。
1925 年	上海商務印書館出品的玩具，在江蘇省第三次地方物品展覽會獲一等獎。 恆康玩具廠創立。
1927 年	北伐成功，南京政府成立。 中國棋子玩具廠創立。 勝泰玩具廠創立。 義興昌兒童童車廠創立。
1928 年	上海商務印書館出品的玩具，在國民政府工商部中華國貨展覽會中獲特等獎及優等獎。
1929 年	中華教育用具製造廠創立。
三十年代	上海金門木工廠、大中國賽璐珞製品廠、中國標準工廠、中興賽璐珞廠、永秀齋賽璐珞製品廠、永勝賽璐珞廠、美華化學工業製造廠、義康賽璐珞廠、寰球協記賽璐珞廠、三星五洲聯合玩具廠、大同玩具廠、中國機器模型廠、中興國貨工業社、中聯國貨工業社、松筠工藝社、派克玩具廠、康利工業廠、康福工業社、華利永記鏡廠、華森機器廠、萬國工業廠、萬如工業社、實業棋子玩具工廠、仁福玩具號、魏順記五金玩具廠、民眾工業合社、勝利鐵工廠、上海潤餘廠、上海錫昌廠、天工金屬製造廠、上海源昌廠、張記、上海曹廷記、兒童教育玩具廠、上海玩具廠、上海新業玩具社、上海現代工藝社、上海華森工藝社等廠創立。
1930 年	永昌祥玩具廠創立。
1931 年	「九‧一八事變」後，中國東北進入了長達 14 年的淪陷期。
1932 年	中國教育玩具廠創立。 中國工藝社創立。 《良友》畫報以一整版圖片介紹米老鼠。 1 月 28 日晚，日本海軍陸戰隊侵犯上海閘北。29 日出動戰鬥飛機，在商務印書館上空投下了六枚炸彈，商務印書館全廠，包括玩具部、印刷部在內的所有設備全部被炸毀。 偽滿成立，長春被定為偽滿洲國首都，並更名為新京。

1933 年	上海鐵華玩具廠創立。
	上海永義昌玩具廠創立。
	上海康元製罐廠和上海愛國玩具廠合併，成立了康元玩具部。
1935 年	上海康元製罐廠推出了第一批以「一隻盛有飯的碗及一雙筷子」為「康元」新商標的鐵皮機動玩具，包括跳雞、跳蛙、汽車、飛機、爬娃、甲蟲、搖鈴、六面畫、象棋、升線猴等。
	上海衛生工業社創立。
1937 年	森昌玩具廠創立。
	三達兄弟工業社創立。
	8 月 13 日，上海遭受日軍大規模進攻，中國棋子玩具廠、中國工藝社和上海衛生工業社相繼被日軍炸毀。
	11 月，上海淪陷，進入孤島時期。
1938 年	大興玩具廠創立。
	美國卡通電影《白雪公主》在上海公映。
	10 月，廣州與武漢相繼淪陷。
1939 年	上海新藝玩具廠創立。
	第二次世界大戰爆發，西洋玩具輸入中國及東南亞的數量開始遽減。
1940 年	美國迪士尼第二部長篇動畫《木偶奇遇記》，在上海的南京與大上海電影院同時上映。
	好友五金玩具廠創立。
	胡源盛五金玩具廠創立。
	大興玩具廠創立。
1941 年	合興五金文具工業社創立。
	12 月 8 日，日本偷襲珍珠港，挑起了太平洋戰爭。日軍開始進駐租界，上海全面淪陷。隨着「孤島時期」結束，馬口鐵等金屬被列為重要物資並實行統制。
1942 年	3 月 27 日，上海日本陸海軍最高指揮官發佈，凡使用、製造、販賣 18 類物資者，均受統制，而木材作為第 8 類也在重要戰略物資之列。
1945 年	抗戰勝利。
	生記乒乓球工業社創立。
1946 年	蕭永利玩具社創立。
	永大機器玩具廠創立。

1947 年	張順泰玩具工廠創立。
	大利合記玩具工業場創立。
	范永興玩具工業社創立。
1948 年	華東玩具廠創立。
	順昌玩具作坊創立。
	香港人林亮於廣州創辦利民塑膠木製品廠，生產簡單的塑料玩具和家庭用品，遠銷京滬。
1949 年	5 月 27 日，上海解放。永安公司職員在公司頂樓的綺雲閣升起了南京路上的第一面紅旗。
	10 月 1 日，中華人民共和國成立。
	天德玩具工藝社創立。
	北京「新中國兒童玩具廠」成立。
五十年代	永佳玩具工業社、文耀玩具機製工業社、建中玩具工業社、裕泰玩具工業社、進步實驗玩具製造社、聯益玩具工藝社、能威玩具工業社、北生玩具社、焦袁康玩具工業社、上海樂益玩具生產合作工場、上海曙光玩具工業社、元元玩具工業社及家庭玩具工業社等廠創立。
1950 年	抗美援朝。
	永昶玩具工廠創立。
	麗隆玩具工藝社創立。
1951 年	國強玩具工業社創立。
1952 年	培德電動玩具工業社創立。
1953 年	中國實行「第一個五年計劃」。
	鴻達玩具作坊創立。
	益民玩具工藝社創立。
	民強賽璐珞廠創立。
	友好文化用品工業社創立。
	方蘭記創立。
1954 年	大中玩具工業社創立。
	三聯五金玩具製造廠創立。
	寶發玩具工業社創立。
	新昶五金文具社創立。

立民賽璐珞廠創立。

永新玩具社創立。

由上海文聯處和上海市中蘇友協舉辦「德意志民主共和國兒童玩具展覽會」，展出 189 種，共 2,070 件玩具。

1955 年	北京市兒童玩具廠創立。
	西城區玩具廠創立。
	東城區東四人民公社玩具廠創立。
	康元製罐廠設立玩具技術研究小組。
1956 年	廣東佛山文娛玩具社在廣東佛山創立。
	中國第一輛慣性玩具汽車及新產品《響鈴三輪車》於上海康元玩具廠誕生。
	勝泰玩具廠利用慣性原理設計出工廠第一款慣性玩具。
	舉辦兒童玩具展覽。
	上海康元玩具廠首次接待日本代表團。
	上海康元玩具廠和蘇聯製造玩具專家、工程師和設計師進行交流，並獲蘇聯玩具專家贈送一份機動玩具製造技術資料。
1957 年	上海各大小玩具廠一律劃歸《上海市體育文娛用品工業》領導。
	蒙古人民共和國手工業合作社訪華代表團參觀廣州市「第二兒童玩具社」。
1958 年	開始制定劃一出口標準、編定出口號碼和型號，並且在各廠名前開始加上「公私合營」四字。
	7 月，由輕工業部工藝美術局、對外貿易部中國雜品出口公司、中國土產出口公司聯合在上海舉行了第一次「全國兒童玩具重點產區專業會議」。
	康元製罐廠將玩具技術研究小組發展為玩具設計室，用以加強玩具生產量管理和新產品設計。
	康元製罐廠試製出慣性玩具 11 款，計有開蓬車、警備車、遊覽車、醫院服務車、救火車、轎車、運木車、冷藏車、汽油車、手搖慣性拖拉機、小雞出殼；發條玩具 8 款，計有頑皮狗、喜鵲、狗吃骨頭、計算器、鴨吃魚、鬥雞、電車、採花蝴蝶；電動玩具 11 款，計有電動蓬車、警備車、遊覽車、醫院服務車、救火車、轎車、無線電操縱汽車、聲波汽車、光波汽車、電動衝鋒槍及跳舞人。
	6 月 1 日，經輕工業局批示，公私合營康元製罐廠將製罐工種劃出，專業生產金屬玩具，並更名為「公私合營康元玩具廠」。
	上海永大玩具廠成功試製了電動玩具車。
	上海塑料玩具製品廠創立，設計和生產出慣性星球坦克車和電動玩具搖頭風扇。

	北京玩具一廠成立。
	朝鮮輕工業社代表團參觀上海紅五月玩具廠。
	捷克斯洛伐克手工業合作社代表團參觀上海六一玩具廠。
1959 年	印尼國民黨總主席蘇維的夫人和國民黨前副總理哈迪夫人參觀上海康元玩具廠，並對其設計的無線電操縱汽車非常感興趣。
六十年代	江蘇省的揚州和無錫成立了玩具廠。
1960 年	在北京舉辦「全國第一屆玩具展覽會」。
	越南留學生到上海康元玩具廠實習，學習鐵皮玩具生產技術。
	上海康元玩具廠接待新加坡執政黨一行 13 人，介紹工廠在解放後的玩具發展和成績。
1961 年	上海康元玩具廠接待古巴少年代表團。
1962 年	上海康元玩具廠接待羅馬尼亞玩具考察團。
1963 年	上海康元玩具廠接待朝鮮代表團、古巴工會代表團及柬埔寨女代表團。
	天津市成立了玩具技術研究組。
1964 年	揚州玩具廠建立了玩具設計組。
1965 年	由華遠公司在香港舉辦了第一次「中國玩具展覽會」。
	「上玩二廠」試製出 46 款新玩具。
1966 年	文化大革命展開。
1967 年	「上玩二廠」試製出 29 款新玩具。
1968 年	「上玩二廠」試製出 4 款新玩具。
	上海市撤銷玩具工業公司。
1972 年	上海市恢復建立玩具工業公司。
1973 年	北京市恢復建立玩具工業公司。
1976 年	文化大革命結束。
1977 年	輕工部於北京中國美術館舉辦了「全國玩具展覽會」，展出 4,000 多件產品。
1980 年	國務院批准上海市玩具工業公司與中國輕工業品進出口公司上海分公司玩具部合併，成立工貿合一的聯合企業，定名為「上海玩具公司」。
1982 年	北京玩具協會成立。
1984 年	「上玩二廠」的王統一設計的《六一火車頭》玩具，被評為「全國輕工業優秀新產品」。

1986 年	中國玩具協會正式成立。
	《玩具世界》季刊出版。
1988 年	「上玩八廠」的袁文蔚、「上玩一廠」的王尚達（即 ME630《鐵皮電動照相汽車》設計師）等六人被授予「中國工藝美術大師」榮譽稱號。
1989 年	包括「上玩一廠」王尚達等共 115 位設計人員被授予「特級優秀設計人員」稱號。
	《玩具動態》出版。

參考書目

一、檔案

1) 　　上海圖書館
2) 　　上海檔案館

二、期刊報章

1) 《八八年春節同樂會暨年會簡況（第二期）》，北京玩具協會，北京玩具中心辦公室，1989 年 2 月 21 日
2) 《少年雜誌》，商務印書館，第 7 卷，第 10 號，1917 年
3) 《生活》，生活週刊社，第 8 卷，第 17 期，1933 年
4) 《玩具消息》，上海市玩具工業公司研究室，第 2 期，1979 年
5) 《玩具消息》，上海市玩具工業公司研究室，第 12 期，1980 年
6) 《玩具資料》，北京市玩具研究所，第 3 期，1981 年
7) 《玩具資料》，北京市玩具研究所，第 2 期，1983 年
8) 《玩具資料》，北京市玩具研究所，第 2 期，1984 年
9) 《昭和時代傑作玩具》，Neko Publishing Co. Ltd.，第 3 卷，第 17 號，2003 年
10) 《國民週刊》，國民週刊社，第 1 卷，第 4 期，1937 年
11) 《情況簡報（第四期）》，北京玩具協會，北京玩具中心辦公室，1987 年 9 月 8 日
12) 《教育雜誌》，商務印書館，第 27 卷，第 4 號，1937 年
13) 《紫禁城——皇帝的玩具》，紫禁城出版社，第 139 期，2006 年
14) 《黃金時代》（Men and Their Toys），美國雜誌圖書有限公司，1989 年 3 月
15) 《新中華畫報》，新中華畫報社，第 92 期，1960 年
16) 《裝飾》，人民美術出版社，第 2 期，1958 年
17) 《檔案春秋》，上海市檔案館，2007 年 3 月
18) 《簡樸熱烈的迎春茶話會（第三期）》，北京玩具協會，北京玩具中心辦公室，1989 年 2 月 21 日
19) 《社會週報國慶特刊》，第 27 期，1934 年
20) 《人民日報》
　　1982 年 7 月 11 日
　　1986 年 7 月 14 日
21) 《大公報》
　　1955 年 5 月 22 日
　　1957 年 11 月 8 日
　　1962 年 8 月 22 日
　　1962 年 12 月 14 日
　　1965 年 11 月 6 日
　　1965 年 11 月 7 日
　　1965 年 11 月 14 日
　　1966 年 5 月 28 日
22) 《文匯報》
　　1958 年 10 月 12 日
　　1983 年 5 月 22 日
23) 《南洋商報》，1957 年 12 月 24 日
24) 《香港商報》，香港商報社
　　第 94 期，1940 年
　　第 108 期，1940 年
25) 《循環日報》，1962 年 1 月 29 日
26) 《晶報》
　　1970 年 5 月 24 日
　　1970 年 5 月 31 日

27） 《新民報》，1947 年 5 月 3 日

28） 《新晚報》

    1958 年 11 月 6 日

    1960 年 5 月 28 日

    1965 年 11 月 15 日

    1966 年 5 月 22 日

    1968 年 1 月 18 日

    1968 年 5 月 31 日

29） 《澳門日報》，1970 年 5 月 28 日

30） *Antique Toys*, Geibun Mooks, No. 586, 2008

31） *Mandarke Zenbu*, Mandarke 出版部 , No 54, 2012

32） Shanghai Monthly Returns of Foreign Trade, Statistical Department of the Inspectorate General of Customs, May 1941

33） *Toy Collection*, Neko Publishing Co. Ltd., Vol. 001, 1999

三、論文

1） 吉信，《對加速發展我國玩具工業的十點建議》，北京市玩具研究所，1980 年

2） 孫夢華，《對玩具研究設計和生產的一些看法》，北京市玩具研究所，1980 年

    陳茶麗，《民國時期國貨玩具業發展的原因探析》，湖南師範大學歷史文化學院，2016 年

四、專著

中文

1） 上海市玩具研究所，《玩具標準選編 1、2、3、4》，上海進出口商品檢驗局情報資料室，1989 年

2） 上海市歷史博物館，《南京路 1840-1950——走在歷史的記憶裏》，上海科學技術出版社，2000 年

3） 上海市檔案館，《日軍佔領時期的上海》，上海人民出版社，2007 年

4） 《上海百貨》，中國百貨公司日用百貨上海採購供應站，1956 年

5） 《上海玩具產品目錄》，上海玩具公司經理部，1993 年

6） 《上海商業名錄》，1918 年

7） 上海圖書館文獻提供中心，《迪士尼上海往事》，上海科學技術文獻出版社，2016 年

8） 于潤琦，《老北京》，中國文聯出版社，2006 年

9） 川西芙沙（日）:《玩具國物語》，機械工業出版社，2004 年

10） 中國玩具協會，《中國玩具三十年》，中國玩具協會，2007 年

11） 王希亮，《近代中國東北日本人早期活動研究》，社會科學文獻出版社，2017 年

12） 王國元，《玩具教育》，商務印書館，1933 年

13） 王連海，《中國民間玩具簡史》，北京工藝美術出版社，1991 年

14） 王連海，《泥人》，雲南少年兒童出版社，1992 年

15） 王華玲、王志中、陳岩，《布玩具》，雲南少年兒童出版社，1991 年

16） 王靜宜，《玩具製造法》，上海大東書局，1919 年

17） 北京市教育局幼兒教育科，《幼兒園自製玩具教具介紹》，北京出版社，1956 年

18） 北京市輕工業局兒童玩具研究所、北京市兒童玩具廠，《玩具製造技術資料》，1960 年

19） 史梅定，《追憶——近代上海圖史》，上海古籍出版社，1996 年

20） 左旭初，《中國近代商標簡史》，學林出版社，2003 年

21） 申報兒童節紀念冊《兒童科學》，《申報》，1936 年

22） 仲富蘭，《圖說中國百年社會生活變遷 1840-1949》「文體、教育、衛生」，學林出版社，2001 年

23） 任興邦，《玩具 100 年》，中國人事出版社，2006 年

24） 伏依采霍夫斯基（波蘭），《電子玩具》，科學普及出版社，1982 年

25） 多田敏捷，*A Short History Survey of Japanese Toys (I)*，株式會社京都書院，1992 年

26） 多田敏捷，*Picture Books & Games*，株式會社京都書院，1992 年

27） 朱大中，《現代玩具》，輕工業出版社，1988 年

28） 朱英，《商界舊蹤》，江西教育出版社，2000 年

29） 朱華，《上海一百年》，人民美術出版社，1999 年

30） 克羅斯，加里（英），《小玩意：玩具與美國人童年世界的變遷》，上海譯文出版社，2010 年

31） 吳逸、陶永寬，《上海市場大觀》，人民美術出版社，1981 年

32） 李友友，《民間玩具》，中國輕工業出版社，2005 年

33） 李少鵬、黃良德，《清末民初火花與中國文化》，百花文藝出版社，2002 年

34） 李英豪，《古董玩具》，博益出版社，1996 年

35） 李培德，《繼往開米——杏港廠商 75 年》，商務印書館（香港）有限公司，2009

36） 李露露，《中國傳統玩具與遊戲》，世界圖書出版公司，2006 年

37） 沈萼慶，《玩具製作法》，上海新中國書局，1935 年

38） 狄煌，《花燈》，雲南少年兒童出版社，1991 年

39） 良友，《民國百行百業》，上海科學技術文獻出版社，2014 年

40） 芒松，米歇爾（法），《永恆的玩具》，百花文藝出版社，2004 年

41） 邢建榕，《車影行蹤》，上海文化出版社，2005 年

42） 尚俠，《偽滿歷史文化與現代中日關係（上冊）》，商務印書館，2014 年

43） 尚俠，《偽滿歷史文化與現代中日關係（下冊）》，商務印書館，2014 年

44） 林有禹，《機械玩具》，中國少年兒童出版社，1964 年

45） 《玩具樣本》，上海市體育文娛用品工業公司，1957 年

46） 金俠天，《小朋友玩具》，北新書局，1932 年

47） 施詠湘，《玩具圖說一集》，上海商務印書館，1920 年

48） 施詠湘，《玩具圖說二集》，上海商務印書館，1920 年

49） 施詠湘，《玩具圖說三集》，上海商務印書館，1920 年

50） 述鼎，《民間藝術 / 塑作》，藝術圖書公司，1993 年

51） 香港博物館，《童幻世界》（American Toys），香港市政局，1990 年

52） 唐振常，《近代上海繁華錄》，商務印書館國際有限公司，1993 年

53） 徐忠明，《老上海文玩》，上海錦繡文章出版社，2011 年

54） 徐新吾、黃漢民，《上海近代工業社》，上海社會科學院出版社，1998 年

55） 徐慰曾，《木製電動玩具》，少年兒童出版社，1960 年

56） 《海關中外貿易統計年刊（The Trade of China 1946）卷三 國內國貨貿易統計》，1946 年

57） 神永英明（日），《玩具黃金時代傳說》，朝日新聞出版，2009 年

58） 高綱博文、陳祖恩，《日本僑民在上海》，上海辭書出版社，2000 年

59） 商參，《民國鄉土兒童遊戲》，福建教育出版社，2016 年

60） 《康元印刷製罐廠十週年紀念專刊》，1932 年

61） 張元濟，《張元濟日記（上冊）》，商務印書館，1981 年

62） 張元濟，《張元濟日記（下冊）》，商務印書館，1981 年

63） 張樹年，《我的父親張元濟》，東方出版中心，1997 年

64） 敏卿，《摺紙玩具一百種（下冊）》，上海形象藝術社，1937 年

65） 莫爾，馬克，《迪士尼傳》，長江文藝出版社，1996 年

66） 郭汾陽、丁東，《書局舊蹤》，江西教育出版社，1999 年

67） 郭恩慈、蘇玨，《中國現代設計的誕生》，三聯書店（香港）有限公司，2007 年

68） 都燕嘉，《木工玩具製作法》，湖北人民出版社，1956 年

69） 陳晉，《新中國》，三聯書店（香港）有限公司，2000 年

70） 陳祖恩，《尋訪東洋人——近代上海的日本居留民（1868-1945）》，上海社會科學院出版社，2007 年

71） 陳國旗，《商務印書館上海印刷廠建廠 100 週年》，商務印書館，1997 年

72） 陳煜，《中國生活記憶》，中國輕工業出版社，2009 年

73） 陳濟薹，《玩具與教育》，商務印書館，1933 年

74） 陳鶴琴，《玩具與教育》，雲南少年兒童出版社，1991 年

75） 陸崧安，《兒童紙工玩具》，上海兒童書局，三十年代

76） 《創立三十年商務印書館志略》，商務印書館，1926 年

77） 復旦大學，《復旦大學甲子年鑑》，1924 年

78） 渡邊軍治（日），《科學玩具製作法》，上海新亞書店，三十年代

79） 華孟陽、張洪傑，《老北京人的生活》，大地出版社，2001 年

80） 黃鴻釗，《遠東簡史》，開明書店，1997 年

81） 《新加坡中華總商會第二屆國貨展覽推銷大會特刊》，1936 年

82） 楊鴻儀、楊近仁，《活動玩具教材（上冊）》，上海集美書店，1934 年

83） 楊鴻儀、楊近仁，《活動玩具教材（下冊）》，上海集美

書店，1934 年

84）當代上海研究所，《當代上海大事記》，上海辭書出版社，2007 年

85）虞哲光，《活動的玩具》，上海新中國書局，1933 年

86）虞哲光、陳鶴琴，《兒童玩具工》，上海兒童書局，1931 年

87）趙琛，《中國近代廣告文化》，吉林科學技術出版社，2001 年

88）劉善齡，《西洋風──西洋發明在中國》，上海古籍出版社，1999 年

89）劉潞，《清宮西洋儀器》，商務印書館，1998 年

90）潘光，《猶太人在中國》，上海傳播出版社，2005 年

91）潘君祥、李家璘，《中國的租界》，上海古籍出版社，2004 年

92）蔣藍，《老遊戲》，重慶大學出版社，2008 年

93）鄭義，《火柴盒上的中國現代史》，明窗出版社，1991 年

94）《機動玩具設計基礎》，北京第二輕工業學校，1985 年

95）錢乃榮，《糖紙頭──海派文化的童年情結》，上海大學出版社，2011 年

96）鮑爾，布萊恩（英），《租界生活 1918-1936──一個英國人在天津的童年》，天津人民出版社，2007 年

97）勵藝夫，《美國兵的鬼臉》，啟明書局，1951 年

98）《聯合贈品目錄》，聯合贈品股份有限公司，1934 年

99）魏可風，《張愛玲的廣告世界》，文匯出版社，2003 年

英文

100）Bertoia, Rich, *Antique Motorcycle Toys*, Schiffer Publishing Ltd., 1999

101）Darbyshire, Lydia, *The Collector's Encyclopedia of Toys & Dolls*, Chartwell Books, Inc., 1990

102）Darmon, Reed, *Made in China*, Chronicle Books, 2004

103）Dee Sharp, Charles, *The Wonder or American Toy: 1920-1950*, Collectors Press Inc., 2002

104）Flaherty, Thomas H. *Toys and Games*, Time-Life Books Inc., 1991

105）Hall, Dorothea, *Memories of Childhood*, Chartwell Books, Inc., 1990

106）Heide, Robert and Gilman, John, *Disneyana*, Welcome Enterprise, Inc., 1994

107）Hillier, Bevis, *Mickey Mouse Memorabilia: The Vintage Years 1928-1938*, Harry N. Abrams, Inc., 1986

108）Hornsby, Peter R. G., *Decorated Biscuit Tins*, Schiffer Publishing Ltd., 1984

109）Imai, Kesaharu, *Robot & Space Toy's Collection*, World Photo Press, 2000

110）Jaffe, Alan, *J. Chein & Co.: A Collector's Guide to an American Toy Maker*, Schiffer Publishing Ltd., 1997

111）King, Constance, *A Guide to Metal Toys & Automata*, Magna Books, 1992

112）Kitahara, Teruhisa, *1,000 Robots, Spaceships & Other Tin Toys*, Taschen, 2002

113）Kitahara, Teruhisa, *Yesterday's Toys: Celluloid Dolls, Clowns, and Animals*, Chronicle Books, 1989

114）Kitahara, Teruhisa, *Yesterday's Toys: Robots, Spaceships, and Monsters*, Chronicle Books, 1989

115）Luke, Tim, *Toys from American Childhood 1845-1945*, Portfolio Press, 2001

116）Monks, Sarah,《玩具港》，香港玩具廠商會，2010 年

117）Murray, John J., Fox, Bruce R., *A Historical, Rarity, Value Guide: Fisher-Price: 1931-1963*, Books Americana, Inc., 1996

118）O'Brien, Richard, *The Story of American Toys*, Artabras, 1990

119）Opie, James, *The Letts Guide to Collecting 20th-Century Toys*, Charles Letts, 1991

120）Parry-Crooke, Charlotte, *Mr. Gamage's Great Toy Bazar, 1902-1906*, Denys Ingram Publishers, London, 1982

121）Pressland, David, *The Art of the Tin Toy*, Crown Publishers Inc., 1976

122）Quarterly Trade Returns，《中國海關民國十六年第二季華洋貿易統計冊》，1927 年

123）Spilhaus, Athelstan, Spilhaus Kathleen, *Mechanical Toys*, Crown Publishers, 1989

124）Tempest, Jack, *Collecting Tin Toys*, New Cavendish Books, London, 1994

五、網絡資料

1）上海地方誌辦公室

作者簡介

陳國泰

1965 年　於中國香港出生。

1986 年　畢業於新加坡南洋美術專科學院商業美術系，並於八十年代末開始收集古董玩具。

1992 年　於「新加坡文物館」的「女皇廳」作首次個人玩具收藏展。

1993 年　開始着手研究中國近代玩具史及專注於中國老玩具的收集。

1994 年　以「童心」為筆名，開始在新加坡《九龍會》會訊上發表「玩具收藏」文章。

1996 年　為「新加坡電信局」設計了一套以「古董玩具」為題材的電話卡。

1997 年　4 月，於「新加坡博物館」內展出五百多件中國玩具，為期三個月。同年，出版人生第一本
　　　　英文版中國玩具收藏專書 *Marvin Chan Collection – Chinese Toys*。

1998 年　2 月，與多位業餘古玩收藏愛好者在新加坡「大世界商場」（Great World City）內舉辦一次聯展。
　　　　年末，創立了 "The Toys Museum" 鐵皮玩具品牌，開始設計與生產鐵皮玩具。

1999 年　2 月，接受紐約 *Antique Toy World* 雜誌越洋訪問。

2000 年　開始編寫《中國小玩意》（初版）。

2002 年　6 月，接受上海東方電視台的《風流人物》節目訪問。

　　　　11 月，與日本 Parco 公司（新加坡）合作，展出為數五十多件的中國古董玩具，並設計了
　　　　一隻鐵皮玩具火車，贈予在 Parco 商場內消費滿新幣 70 元的消費者。

　　　　開始在台灣《玩具酷報》（*Cool Toys*）期刊上發表連載文章《中國玩具與我》。

　　　　"The Toys Museum" 品牌的鐵皮玩具獲「HKDA Design 02 Show」的「包裝設計卓越獎」
　　　　（Packaging Design Excellent Award）。

　　　　"The Toys Museum" 品牌的鐵皮玩具獲「Singapore Design Awards」的「2002 Finalist
　　　　for Excellence in Packaging Design」。

　　　　"The Toys Museum" 品牌的鐵皮玩具獲「IdN Design Awards 01/02」的 Finalist 101。

2004 年　6 月，於上海「中國福利會少年宮」內展出上海老玩具。

2005 年　11 月，世界第一家「上海玩具博物館」在新加坡開幕。

2006 年　9 月，於新加坡「后港購物坊」(Hougang Mall) 中庭展出上海老玩具。

2007 年　4 月，於香港「新世紀廣場」舉辦香港首個中國玩具珍藏品展《小玩意·大意義》，展出共
600 件中國玩具，為期一個月，共吸引十萬人參觀。同年，出版了人生第二本中國玩具收
藏專書《中國小玩意》(初版)。

2008 年　10 月，於上海「兒童博物館」舉辦《百年上海玩具珍藏展》，展出共 600 件中國玩具，為期
一個半月。

創立人生第二個鐵皮玩具品牌 "Saint John"。

2009 年　成立上海首個「鐵皮玩具俱樂部」(Tin Toy Club)。

2012 年　5 月，於上海「虹橋城」舉辦《M65 王者歸來》鐵皮玩具懷舊展。並為「虹橋城」設計生產
金色鐵皮限量版《M65 發條機械人》和微型鐵皮限量版《M65 機械人》。

2013 年　獲首屆「上海市文化節」市民收藏大展「市民收藏家」稱號。

獲首屆「上海市文化節」「長寧文化民星獎」。

2014 年　1 月，於上海「芮歐百貨」舉辦《花鐵紀元》鐵皮玩具展。

5 月，於「上海羣眾藝術館」舉辦《花鐵王》陳國泰鐵皮玩具珍藏展。

"Saint John" 品牌的鐵皮玩具獲「2014 亞洲最具影響力設計獎」(Design for Asia Awards
2014) 的「優異獎」(Merit Recognition)。

2016 年　6 月，於深圳觀瀾湖藝工場之「TOK 博物館」，和日本玩具收藏家北原照久先生聯辦《鐵皮
玩具館》(Tin Toy Museum) 中日玩具珍藏展，為期一年。

"Saint John" 鐵皮玩具獲「台灣金點設計獎」(Golden Pin Design Award) 的「包裝設計獎」
(Packaging Design 2016)。

2017 年　《中國小玩意》新版出版，並為香港「商務印書館」復刻生產三款新版鐵皮升線猴玩具，紀
念商務印書館上海成立 120 週年。

2018 年　獲「在滬港人傑出成就獎」。

2019 年　"Saint John" 品牌的鐵皮玩具獲「風尚生活大獎 2019 入圍獎」。

2020 年　"Saint John" 品牌的鐵皮升線猴 POP 展示裝置入選「上海百年設計展」。

2021 年　"Saint John" 品牌的鐵皮升線猴 POP 展示裝置獲「2020 – 2021 年度成功設計大獎」。

著作：

《中國玩具》英文版，1997 年

《中國小玩意》，2007 年

《中國小玩意》新版，2017 年

EDUCATIONAL TOYS

No. 1. Construction Blocks, No. I

Consisting of about fifty-eight pieces of colored blocks: pieces of wall, windows, arches, etc., for constructing buildings.

Inclosed in a pretty cardboard box with a sheet of illustrations for guidance.

One complete set, 22 cts.

No. 2. Construction Blocks, No. II

Consisting of eighty-four pieces of colored blocks. Many kinds of buildings can be constructed with this set.

Inclosed in a pretty cardboard box with a sheet of illustrations for guidance. One complete set, 24 cts.

No. 3. Construction Blocks, No. III

Consisting of eighty-eight long and short flat pieces of wood with mortises on them which can take in the side of any other piece. Bridges, windmills, towers, cabinets, etc., can be built with this set.

Inclosed in a pretty cardboard box with a sheet of illustrations for guidance.

One complete set, 32 cts.

No. 11. Building Parts for Carriage, Ricksha, Sedan Chair, etc.

Nice motor car can be made of this set too. It gives the player much amusement in finding out the common parts of these vehicles. Parts made of wood with colored tin mud guard, and brass parts. Inclosed in a cardboard box.

One complete set, 55 cts.

No. 12. Wagon

The car, the horse, and the wheels are all of wood. The axles are of iron wire. When pulled along the horse moves in a way as if it were rapidly galloping. Beautifully painted. 1 ft. long including horse, 4 in. wide, 5½ in. high. Each, 58 cts.

No. 241. A Carriage

A coachman in a carriage is pulled by a wooden horse beautifully painted. The horse's feet are loose. When the carriage is pulled on a smooth surface, the horse runs lively.

Price, $1.00

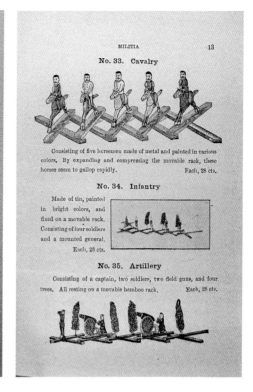

No. 33. Cavalry

Consisting of five horsemen made of metal and painted in various colors. By expanding and compressing the movable rack, these horses seem to gallop rapidly. Each, 28 cts.

No. 34. Infantry

Made of tin, painted in bright colors, and fixed on a movable rack. Consisting of four soldiers and a mounted general. Each, 28 cts.

No. 35. Artillery

Consisting of a captain, two soldiers, two field guns, and four trees. All resting on a movable bamboo rack. Each, 28 cts.

No. 45. Colored Board for Additions

A round piece of cardboard is fixed on another piece of cardboard. By turning the upper board so as to make any two numbers meet, the figures shown through the windows in the upper board are the sums. Each, 10 cts.

No. 46. Multiplication Table Board

A colored cardboard similar to that for additions, only the figures shown through the windows are answers of multiplication. Each, 10 cts.

Multiplication Cards

Seventy-two cards; half red and half green. Packed up with a copy of directions. Can be played by two, three, or four children. Per set, 15 cts.

No. 47. Game of Figures

Consisting of ten square blocks of wood with figures in different colors on each side. A copy of directions for use is inclosed in the cardboard box.

Per set, 10 cts.

No. 48. Game of Answers

Consisting of ninety-nine round pieces of wood, numbered from one to ninety-nine; contained in a cardboard box with a cloth bag, a copy of directions, and eight sheets of figures.

Per set, 30 cts.

No. 43. Puzzle Blocks (Militia)

Consisting of twenty square blocks of wood. They are of the same size. Each face of the blocks is painted; when they are put together with the proper faces upwards, they form a fine picture.

Each, 55 cts.

Small

Same as the above, only smaller in size.

Each, 50 cts.

No. 44. Figure Puzzle

A wooden box containing sixteen small figure blocks of wood. When these are in disorder the player is to arrange them without removing blocks from the box. A copy of directions is pasted on the inside of the cover of the box.

Per box, 20 cts.

No. 216. A Movable Monkey

A metal monkey in red, yellow, and green colors, embraces a green silk-string. Rest your foot on the lower end of the string and pull the upper end by your right hand. The monkey will climb up lively on the string.

Price, 70 cts.

No. 215. Movable Horse

Made of wood, painted in bright colors, and mounted on four wheels. A soldierly doll rides on its back. The tail is movable; it moves up and down when the toy is drawn along a smooth surface.

Price, 32 cts.

商務印書館教育玩具目錄書影